Hans Delfs

Falsche Erinnerungen an sexuellen Missbrauch:
Die unterschätzte Gefahr

Traumatherapie und Familienzerstörung

novum pro

www.novumverlag.com

Bibliografische Information
der Deutschen Nationalbibliothek:

Die Deutsche Nationalbibliothek verzeichnet diese Publikation in der Deutschen Nationalbibliografie. Detaillierte bibliografische Daten sind im Internet über http://www.d-nb.de abrufbar.

Alle Rechte der Verbreitung, auch durch Film, Funk und Fernsehen, fotomechanische Wiedergabe, Tonträger, elektronische Datenträger und auszugsweisen Nachdruck, sind vorbehalten.

Gedruckt in der Europäischen Union auf umweltfreundlichem, chlor- und säurefrei gebleichtem Papier.

© 2024 novum Verlag

ISBN 978-3-99146-613-0
Lektorat: Ute Leber
Umschlagabbildung: René Magritte, La clef des champs, 1936, genehmigt durch VG Bild-Kunst, Bonn 2024
Umschlaggestaltung, Layout & Satz: novum Verlag

www.novumverlag.com

In dem Bild von Magritte auf dem Umschlag ist das Fenster mit seinem Blick auf eine friedliche Realität mutwillig zerschlagen worden. Im Vordergrund des Erlebens liegen jetzt die Scherben und zeugen noch von dem, was unwiederbringlich verloren gegangen ist – ein Symbol für das, worum es in diesem Buch geht.

H. D.

Inhaltsverzeichnis

Vorbemerkung 13
Einführung 15

Erster Fall: Eine Familie wird zerstört 24
    Die Meiers, eine ganz normale Familie 24
    Der Fall Meier, fiktiv, aber
    höchst realistisch 32
Zweiter Fall: Missbraucht! – oder nicht? 34
    Noch einmal davongekommen. 34
    Was wir aus diesem Fall lernen können 40
    Fragen und Antworten 42
Dritter Fall: Wir sind viele! 45
    Das innere Theater 46
    Ein gigantisches Rollenspiel 48
    Das Theater löst sich auf 50
Vierter Fall: Die große Verschwörung 52
Was allen vier Fallberichten
gemeinsam ist 56

Fakten zu sexuellem Missbrauch 58
Was ist sexueller Missbrauch? 58
    Juristische Definitionen 60
    Das große Spektrum sexueller
    Handlungen 62
    Gesellschaftliche und kulturelle Fragen 64
Wie häufig ist sexueller Missbrauch? 65

Wie häufig sind falsche Erinnerungen
an sexuellen Missbrauch? 66

**Das Gedächtnis und seine
(Un)Zuverlässigkeit** 69
Ergebnisse der psychologischen
Gedächtnisforschung 69
   *Die Grundfunktionen des
   Gedächtnisses* 69
   *Einflüsse auf die Qualität der
   Langzeitspeicherung* 72
   Vergessen 74
   Amnesien 74
   Implizites Gedächtnis 76
   Emotionale Erinnerungen 78
Erinnerungsverfälschung und
falsche Erinnerungen 80
   *Erinnerungsverfälschung als
   tägliches Phänomen* 80
   *Wie entstehen
   Erinnerungsverfälschungen?* 81
   *Künstliche Erzeugung falscher
   Erinnerungen* 83
   *Umstände, unter denen falsche
   Erinnerungen entstehen* 84
Unterscheidung von falschen
und echten Erinnerungen 85
   Erinnerungen haben kein Echtheitslabel ... 85
   Die Rolle der Aussagenpsychologie 86
   Aussagen von Kindern 87

Psychotherapien und ähnliche Beratungsangebote 91
Das Spektrum der Angebote 91
   Psychotherapeuten und Ärzte mit entsprechender Ausbildung 91
   Heilpraktiker 93
   Psychotherapeutische oder psychosomatische Kliniken 94
   Sekten und spirituelle Heiler 94
Was haben Psychotherapien mit falschen Erinnerungen zu tun? 95
   Gibt es Psychotherapie ohne suggestive Beeinflussung? 95
   Psychotherapie bietet ein ideales Brutklima für falsche Erinnerungen 96
   Der schrittweise Aufbau von Pseudoerinnerungen 99
   Gut gemeint ist keine Garantie für gute Ergebnisse 100

Trauma-Erinnerungstherapien 102
Historische Entwicklung 102
   Freud und die Folgen 102
   Wichtige Bücher 105
   Die Gedächtniskriege (memory wars) 110
   Die Entwicklung in den letzten Jahrzehnten 113
Theorien und Ideologien 114
   Verdrängung 115
   Abspaltung 116

Schlüsse von Symptomen auf
sexuellen Missbrauch 118
Feministische Positionen 120
Körperbezogene Theorien 120
Die Rituelle Gewalt/
Mind Control-Theorie 121
Abwehrmechanismen 124
Flashbacks und emotionale
Erinnerungen 125
Transgenerationale Traumatisierung 126
Therapeutische Methoden 128
  Indirekte Suggestion 129
  Direkte Suggestion 130
  Hypnose 132
  Visuelle Vorstellung 133
  Schreibarbeit 134
  Körperarbeit 134
  Verstärkende Interpretation 135
  Therapiebegleitende Literatur 135
  Gruppentherapien 136
Der „Krankheitsgewinn" 137
  Die Opferrolle 137
  Vermeiden von Verantwortung 138

**Folgen falscher Erinnerungen an
sexuellen Missbrauch** 140
Folgen für die Therapierten 141
  Das Leben im Bewusstsein,
  missbraucht zu sein 141
  Psychische Störung als Folge 142

    Der Verlust der Familie und/oder
    der vertrauten Lebenssituation 143
    Folgen für zu Unrecht Beschuldigte 144
        Persönliche Folgen 144
        Gesellschaftliche Folgen 144
        Juristische Folgen 145
    Es gibt nur Verlierer 146

Zusammenhänge mit
psychischen Störungen 148
    Posttraumatische Belastungsstörung (PTSD) ... 149
        Kriterien 149
        Zusammenhang mit der
        Trauma-Erinnerungstherapie 151
        PTSD-ähnliche Störung bei
        falschen Erinnerungen 152
    Borderline-Störung 155
        Kriterien 155
        Zusammenhang mit sexuellem
        Missbrauch 158
        Die Borderline-Störung bei
        der Bildung falscher Erinnerungen 159
    Dissoziative Identitätsstörung (DIS) 162
        Zwei Modelle über die Entstehung 164
        Ist DIS wirklich eine
        psychische Störung? 166
        DIS und falsche Erinnerungen 169

Institutionen 171
    Gruppen und Verbände 171

Jugendämter 172
Krankenkassen und Diagnosekataloge 173
Rechtswesen 175
Aussagepsychologie 180
Das Amt des unabhängigen
Beauftragten für Fragen des sexuellen
Kindesmissbrauchs 182

Wissenschaftliche Ergebnisse 187
Wissenschaftliche Arbeit in
Psychologie und Psychiatrie 187
  Grundsätze empirischer Wissenschaften.... 187
  *Experimentelle Methodik in
  Psychowissenschaften* 189
  Wissenschaft im klinischen Bereich 191
Einzelergebnisse zu Fragen
der Trauma-Erinnerungstherapie. 195
  Wiedergewinnung verdrängter Traumata... 195
  *War die Wissenschaft wirklich
  der Sieger der „Gedächtniskriege"?* 198
  *Sind die „Gedächtniskriege"
  wirklich vorbei?* 199
  *Repräsentativstudien
  zu sexuellem Missbrauch* 201
Literatur 209
Psychologische Grundlagen 209
Deutschsprachige Literatur 209
Englische Literatur 210
Internet-Links 211

Referenzen 213

Vorbemerkung

Der Autor dieses kleinen Buches ist Naturwissenschaftler, kein Psychologe. Mit den hier behandelten psychologischen Fragestellungen befasst er sich aber bereits seit über 25 Jahren, insbesondere anhand wissenschaftlicher Literatur. Außerdem kennt er in allen Einzelheiten einige Hundert Fälle von Personen, die entweder als Therapierte oder als Beschuldigte von falschen Erinnerungen an sexuellen Missbrauch betroffen sind.

Eine erste Ausgabe dieses Buches erschien im Jahre 2013 im Verlag Dietmar Klotz unter dem Titel *Falsche Erinnerungen an sexuellen Missbrauch: Eine therapeutische Mode, die Familien zerstört*. Sie stand in engem Zusammenhang mit der Gründung des Vereins False Memory Deutschland e. V. (FMD). Es war notwendig geworden, den von diesem Verein beratenen Personen eine erste Information über das Phänomen der falschen Erinnerungen an sexuellen Missbrauch zu geben.

Eine zweite, wesentlich erweiterte und ergänzte Ausgabe erschien 2017 im Verlag Pabst Science Publishers unter dem Titel *False Memory: „Erinnerungen" an sexuellen Missbrauch, der nie stattfand*.

Seit 2017 haben sich sowohl die gesellschaftlichen als auch die wissenschaftlichen Schwerpunkte der False Memory-Problematik verschoben. Dieser

Tatsache trägt die hiermit vorgestellte dritte Ausgabe Rechnung. Es wurden weitere Fallberichte hinzugefügt und an den Anfang des Buches gestellt. Der gesamte Aufbau des Buches wurde neu gestaltet.

Einführung

Es geht in diesem Buch um Missbrauch und falsche Erinnerungen, keine erfreulichen Themen. Aber es sind wichtige Themen, die allein in Deutschland das Leben von Millionen Menschen betreffen. Sexueller Missbrauch an Kindern ist etwas Furchtbares und leider weit verbreitet. Jahrelang wurde nicht erkannt, wie häufig sexueller Missbrauch ist. Man dachte dabei vor allem an den pädophilen Onkel mit der Bonbontüte an der Straßenecke. Dass aber sexueller Missbrauch am häufigsten innerhalb der Familie und im Freundeskreis geschieht, wurde verschwiegen und blieb meist gut getarnt. Es ist gut, dass die Öffentlichkeit in dieser Hinsicht sensibler geworden ist und dass die Missbrauchsopfer mehr und mehr wagen, sich zu wehren und die Täter zu nennen. Da die überwiegende Zahl der Missbrauchsopfer weiblich ist, ist diese Entwicklung vor allem der feministischen Bewegung zu verdanken.

Nach der besten derzeit in Deutschland vorliegenden Studie zur Häufigkeit sexuellen Missbrauchs[1] gibt es in Deutschland die gigantische Zahl von ca. 5 Millionen Missbrauchsopfern, eine Zahl, die größte Anstrengungen im Kampf dagegen rechtfertigt. Dieser Kampf wird zunehmend hitzig geführt, und das verengt die Perspektive. Einige Opferhilfsorganisationen und selbsternannte Missbrauchs-Jäger haben sich ideologische Scheuklappen angelegt. Meldet sich jemand als Missbrauchsopfer, so wird meist nicht gefragt, ob die Beschuldigung zu Recht besteht. Vielmehr gilt weithin, dass man dem Missbrauchsopfer aufs Wort glauben müsse. Den Opfern nicht zu glauben, wird als schwerer Fehler und erneute Traumatisierung des Opfers angesehen.

Im öffentlichen Bewusstsein ist der Beschuldigte bereits verurteilt, bevor überhaupt eine Anklage erfolgt. Das juristische Grundprinzip der Unschuldsvermutung wird praktisch ausgehebelt, und oft können sich auch Gerichte dieser Dynamik nicht entziehen. Vielfach wird ohne Prüfung davon ausgegangen, dass der Beschuldigung reale Tatsachen zugrunde liegen. Das ist keineswegs immer der Fall, wie eine Reihe spektakulärer Fälle der letzten Jahre gezeigt hat. Es wurden Unschuldige verurteilt und Gerichte fügten den Beschuldigten nicht wieder gut zu machendes Unrecht zu.[2]

Es sind hauptsächlich vier Ursachen, die zu Falschbeschuldigungen führen.

1. Eine bewusste Falschbeschuldigung wird aus persönlichen Gründen vorgebracht, zum Beispiel aus Rache, oder um in einer gescheiterten Beziehung einen Sorgerechtsstreit im gewünschten Sinne zu beeinflussen.
2. Verhalten und Aussagen von Kindern werden fehlinterpretiert. Man vermutet, dass sie Opfer von sexuellem Missbrauch seien. Bei wiederholten

Vernehmungen sagen Kinder häufig einfach das, was von ihnen erwartet wird.
3. Personen mit psychischen Störungen, insbesondere der Borderline-Störung, beschuldigen Bezugspersonen, wobei nicht immer klar ist, ob es sich um falsche Erinnerungen oder absichtliche Beschuldigung handelt.
4. Erwachsene Personen entwickeln **falsche Erinnerungen**, meist im Rahmen von Psychotherapien.

Die erste Ursache wird in diesem Büchlein nicht behandelt, der Schwerpunkt unserer Betrachtungen liegt auf dem letzten Fall.

Die Bezeichnung *falsche Erinnerungen* ist ein Fachausdruck aus der Gedächtnispsychologie. Wer die genaue Bedeutung des Wortes nicht kennt, wird den Begriff vielleicht irrtümlich in Zusammenhang mit Lügen und absichtlichen Täuschungen bringen. Damit hat er aber nichts zu tun. **Falsche Erinnerungen sind persönliche Erinnerungen an Ereignisse, die der Erinnernde glaubt, erlebt zu haben. Falsch daran ist, dass es diese Erlebnisse nicht gegeben hat.**

Fälle falscher Erinnerungen an sexuellen Missbrauch kennen wir seit den 70-er Jahren. Mitte der 80-er Jahre nahm die Häufigkeit sprunghaft zu, anfangs ausschließlich in den USA. Dort häuften sich die Fälle in dramatischer Weise, bei denen erwachsene Personen, die wegen irgendwelcher Lebensprobleme einen Psychotherapeuten aufgesucht hatten, sich im Verlauf der Therapie an etwas erinnerten, was sie vor Beginn der Therapie nicht wussten: Dass sie als Kinder angeblich sexuell missbraucht worden waren. Es waren falsche Erinnerungen.

Um diese Art falscher Erinnerungen geht es in diesem Buch. Wenn im weiteren Verlauf des Buches der Begriff *falsche Erinnerungen* benutzt wird, so meist im Sinne von induzierten Erinnerungen an sexuellen Missbrauch, die nach abgeschlossener Pubertät im Rahmen einer Psychotherapie oder anderen Lebensberatungen entstanden sind, und die vorher nicht vorhanden waren.

Die massenhafte Entstehung derartiger Fälle in den USA erreichte Anfang der 90-er Jahre einen vorläufigen Höhepunkt und hatte zur Folge, dass die zu Unrecht des Missbrauchs Beschuldigten sich wehrten. Sie hatten die psychologische Forschung auf ihrer Seite. Es entstand eine erbitterte öffentliche Kontroverse zwischen den Beschuldigten und jenen Therapeuten, bei denen falsche Erinnerungen an sexuellen Missbrauch entstanden waren, die *memory wars (Gedächtniskriege)*. Eine Konsequenz war, dass die psychologische Forschung sämtliche damit zusammenhängenden Fragen mit besonderer Intensität zu klären suchte. Dabei haben sich insbesondere zwei Ergebnisse herausgestellt:

- Sexueller Missbrauch wird selten vergessen, vor allem dann nicht, wenn es ein traumatisches Ereignis war.

- Wird eine nicht vorhandene Erinnerung bei Erwachsenen durch gezielte Suche „wiedergewonnen", so ist es mit größter Wahrscheinlichkeit eine falsche Erinnerung.

Der Psychiater Paul McHugh schrieb 2006, die *memory wars* seien entschieden: Die Wissenschaft habe gesiegt.[3] Dennoch sehen wir heute, dass nach wie vor in Psychotherapien falsche Erinnerungen an sexuellen Missbrauch entstehen, vielleicht sogar mehr als früher. Was ist da schief gegangen?

In Bezug auf die naturwissenschaftliche Psychologie hatte McHugh Recht. Eindeutige Ergebnisse zu Gedächtnis, Verdrängung oder dissoziativer Amnesie lagen schon vor dem Jahre 2000 vor. Seitdem nimmt die Zahl der wissenschaftlichen Veröffentlichungen, die falsche Erinnerungen betreffen, ständig ab.[4] Das Thema ist weitgehend geklärt und erschöpft.

Viele Kliniker und Therapeuten aber interessieren sich wenig für diese Ergebnisse. Deshalb haben die wichtigsten psychologischen Forschungsergebnisse aus den letzten Jahren eher soziologischen Charakter. Ein Meilenstein ist dabei eine Studie von Patihis & Pendergrast [5], die in dem Abschnitt *Repräsentativstudien zu sexuellem Missbrauch* genauer besprochen wird und die gezeigt hat, dass falsche Erinnerungen an sexuellen Missbrauch weit häufiger sind als bisher allgemein angenommen.

Die wissenschaftliche Kontroverse der Gedächtniskriege in den USA ist einer nicht minder heftigen

Debatte gewichen, in der um die mediale Meinungshoheit zur Traumatherapie des sexuellen Missbrauchs oder um die Existenz rituellen Missbrauchs gestritten wird. Diese Debatte wird in allen Medien ausgetragen, wobei die sozialen Netzwerke eine Rolle spielen, die man im letzten Jahrtausend noch nicht ahnen konnte.

Es ist aber seit dem Beginn dieses Jahrtausends noch etwas hinzugekommen oder weitaus stärker geworden: Es kann kein Zweifel daran bestehen, dass für Kliniken und für die Gesamtheit der in bestimmten Berufsorganisationen repräsentierten Psychotherapeuten Traumatherapie ein Multimillionen-Business ist. Entsprechend stark ist der Lobbyismus zugunsten von Therapieformen, die lukrative und langdauernde Behandlungen garantieren.

Der Verein False Memory Deutschland stellt sich dieser Entwicklung entgegen, doch die Hauptaufgabe dieses Vereins ist die Beratung Betroffener, nicht Lobbyismus oder Forschung. Deshalb spielen Veröffentlichungen eines seriösen und sorgfältig recherchierten Journalismus eine sehr wichtige Rolle. Sie erreichen ein weit größeres Publikum als die Wissenschaft und gelangen den wichtigsten Institutionen wie Opferverbänden, Kirchen, Strafverfolgungsbehörden, Fachverbänden, Ausbildungsstellen usw., und nicht zuletzt auch den Organen der Bundesregierung, zur Kenntnis. Ansätze dazu sind vorhanden und haben zu ersten Konsequenzen geführt.

In der öffentlichen Diskussion zu falschen Erinnerungen an sexuellen Missbrauch stößt man immer wieder auf die Behauptung, es handele sich um einen Trick von Kinderschändern, ihrer Verfolgung zu entkommen.[6] Nichts könnte von der Wahrheit weiter entfernt sein. Nur weil es so viel wirklichen Kindesmissbrauch gibt, konnte sich eine psychotherapeutische Arbeitsrichtung entwickeln, die im Missbrauch den Universalgrund für psychische Schwierigkeiten aller Art sieht. Der Aussagepsychologe Max Steller[7] bezeichnet induzierte Missbrauchserinnerungen als den „Kollateralschaden" des Kampfes gegen Kindesmissbrauch. Davon Betroffene sind demnach indirekte Opfer des tatsächlichen Kindesmissbrauchs.

An dieser Stelle soll ausdrücklich betont werden: **Dieses Buch dient nicht dazu, Kindesmissbrauch zu verharmlosen oder den wirklichen Tätern eine Brücke zum Entkommen zu bieten. Aber es geht darum, zwischen berechtigten Beschuldigungen und Falschbeschuldigungen zu unterscheiden.**

Ein paar Worte zum Aufbau des Buches: Es beginnt mit vier Fallgeschichten, die dem Leser zeigen, mit welchen Problemen wir es hier zu tun haben. In allen vier Fällen geht es um die therapeutische Entstehung bzw. Erzeugung falscher Erinnerungen an sexuellen Missbrauch. Das ist das eigentliche Thema dieses Buches. Es ist ein komplexes Thema. Um es zu verstehen, müssen die wichtigsten Tatsachen zu sexuellem Missbrauch, zu Gedächtnis und Erinnerungen, zur Verfälschung von Erinnerungen, zu Psychotherapeuten und -therapien, zu Suggestionen etc. bekannt sein. Deshalb werden diese Wissensgebiete systematisch in dem für das Verständnis notwendigen Umfang behandelt, bevor im Abschnitt *Trauma-Erinnerungstherapien* das Hauptthema des Buchs angegangen wird. Es folgt ein kurzer Abschnitt über die Institutionen, die in dem Zusammenhang dieses Buches von Bedeutung sind. Ein letzter Abschnitt ist der Wissenschaft gewidmet, ihren Arbeitsmethoden und einzelnen besonders wichtigen oder interessanten Ergebnissen.

Kurz noch ein Wort zur Zielgruppe dieses Buches: Das Buch richtet sich vor allem an diejenigen, die sich erste Informationen über das Problem falscher Erinnerungen an sexuellen Missbrauch verschaffen wollen. Wer Genaueres wissen will, kann den in diesem Buch zitierten Literaturangaben folgen. Mit Rücksicht auf die Zielgruppe werden hier wissenschaftliche Untersuchungen ohne die typischen Vorsichtsklauseln zitiert, die in der wissenschaftlichen Arbeit notwendig und wichtig sind, hier aber nur verwirren würden.

Jetzt noch zwei Klarstellungen, die für das gesamte Buch gelten:

- Wenn von Therapeuten, Beschuldigten, Beschuldigern, Patienten, Rechtsanwälten, Gutachtern etc. geschrieben wird, dann sind damit immer beide Geschlechter in gleicher Weise gemeint. Das vereinfacht das Schreiben und den Text. Gelegentlich wird noch eine weitere Vereinfachung vorgenommen: Da bei der überwiegenden Mehrheit der vorliegenden Fälle falscher Erinnerungen an sexuellen Missbrauch die Väter von ihren Töchtern

beschuldigt werden, werde ich manchmal einfach von Vätern und Töchtern schreiben, obwohl jede andere Geschlechtskombination ebenso vorkommt, wie auch die Beschuldigung durch Enkel, Neffen, Nichten oder Freunde der Familie.
- Dieses Buch richtet sich nicht gegen die Psychotherapie als solche. Im Gegenteil: Viele, die von falschen Erinnerungen an sexuellen Missbrauch betroffen sind, sei es nun als zu Unrecht Beschuldigte oder als Therapierte, sind auf verständige Therapeuten angewiesen, um wieder eine Balance in ihrem Leben zu finden. Das Buch richtet sich ausschließlich gegen die therapeutische Arbeitsweise, die im vorliegenden Text als *Trauma-Erinnerungstherapie* bezeichnet wird.

Erster Fall: Eine Familie wird zerstört

Die Meiers, eine ganz normale Familie

Herr Meier lebt in einer Kleinstadt. Er ist seit vielen Jahren verheiratet und hat eine erwachsene Tochter. Er arbeitet freiberuflich und besitzt eine erfolgreiche Versicherungsagentur mit mehreren Angestellten. Mit großen Versicherungen hat er vertragliche Regelungen. In seiner Stadt ist Herr Meier eine bekannte Vertrauensperson.

Frau Meier ist nicht berufstätig. Sie arbeitet aktiv in verschiedenen Vereinen. Vor allem engagiert sie sich in einem Verein, der sich um Bürger kümmert, die Hilfe brauchen.

Ihre Tochter Sabine ist das einzige Kind. Sie wird sehr geliebt, früh gefördert und erhält die beste Erziehung, die ihre Heimatstadt zu bieten hat. Sabine ist ein fröhliches Kind, sie bringt gute Schulzensuren nach Hause, ohne viel zu arbeiten. Sie treibt viel Sport, vor allem Mannschaftssportarten. In der Pubertätszeit fällt eine Bulimie-Phase auf, die aber überwunden wird. Ihre ersten sexuellen Erfahrungen macht sie mit 16, ohne dass das ihre Welt umstürzt. Sie macht ein glänzendes Abitur. Alle Studienfächer stehen ihr offen. Sie schreibt sich in der nahegelegenen Universitätsstadt für ein Jurastudium ein. Parallel zum Studium trainiert Sabine eine Jugendmannschaft im örtlichen Sportverein. Anfangs studiert sie mit großem Engagement und viel Fleiß. Nach einigen Semestern lässt ihre Begeisterung für die trockene Materie nach. Schließlich überrascht sie ihre Eltern mit der Mitteilung, sie werde das Jurastudium aufgeben und umsatteln. Ihre Arbeit mit der Sportjugend hat sie darauf gebracht, Lehrerin zu werden, Fächer Sport und Erdkunde. Das Sportstudium macht ihr Freude, das Fachstudium betreibt sie mit mehr Fleiß als Begeisterung. Mit einem wichtigen Dozenten hat sie Probleme. Sie glaubt, er kann sie nicht leiden. In einem Seminar hat er ihre Leistung als schwach bezeichnet und sie fühlt sich falsch beurteilt. Trotzdem legt sie mit 25 ein gutes Staatsexamen ab. Sie hat in ihrer Studienzeit einige Freunde. Etwas wirklich Dauerhaftes wird nicht daraus, offenbar ist der Richtige nicht dabei.

Sabines Zeit als Studienreferendarin bringt für Familie Meier eine einschneidende Umstellung. Sabine kommt in eine Stadt, die von ihrer Heimatstadt zu weit entfernt ist, um ständig nach Hause zu fahren. Die Eltern vermissen ihre Anwesenheit, insbesondere Herr Meier, der immer einen sehr direkten Draht zu seiner Tochter gehabt hat. Zwar ruft Sabine regelmäßig mehrmals in der Woche zu Hause an, aber das ist kein Ersatz für ihre Anwesenheit. Meiers wissen nicht mehr so genau, wie es ihrer Tochter geht, ob sie Schwierigkeiten oder Erfolge hat. Sabine dagegen hat das Gefühl, dieser größere Abstand vom Elternhaus sei überfällig und sie müsse sich einmal abnabeln.

Anfangs fühlt sich Sabine als Lehrerin wohl, kommt gut mit den Klassen zurecht, hat Ideen und Freude am Zusammensein mit der Jugend. Es dauert eine Weile, bis sie auch die Belastungen spürt. Wenn sie jetzt zu ihren Eltern nach Hause kommt, ist sie müde, angestrengt, erholungsbedürftig. Dabei hat sie sich Fächer ausgesucht, in denen die Korrekturarbeit in Grenzen bleibt. Allerdings ist Sabine fest davon überzeugt, dass ihre Schuldirektorin sie nicht mag. Sie bezieht deren ironische Bemerkungen in der Lehrerkonferenz auf sich. Auch die Kritik ihres Betreuungslehrers an ihrer Arbeit erscheint ihr unangebracht und übertrieben. Vor dem zweiten Staatsexamen hat Sabine wirklich Angst, doch es geht ohne Probleme über die Bühne.

Im Kollegium hat sie sich mit einer älteren Kollegin angefreundet, die ihr völlig neue Lebensbereiche eröffnet. Sie gehört einer esoterisch-spirituellen Gruppierung an und regt Sabine dazu an, verschiedene Selbsterfahrungsgruppen aufzusuchen. Sabine ist von den neuen Erfahrungen hellauf begeistert und am Telefon schwärmt sie ihren Eltern davon vor. Denen sind diese Dinge ganz fremd.

Doch die Arbeit in der Schule wird schwieriger. Ihre Eltern sind alarmiert, als Sabine ihnen berichtet, dass sie oft Angst hat, vor die Klassen zu treten. Dabei macht Disziplin ihr keine Schwierigkeiten, auch Mittelstufenklassen gehorchen ihr.

Sehr überrascht sind die Meiers, als Sabine ihnen sagt, dass sie sich für eine Heilpraktiker-Ausbildung eingeschrieben hat, welche an Wochenenden stattfindet. Sie sei sich nicht sicher, ob sie die Belastung des Lehrerdaseins ein Berufsleben lang aushalten könne. Sie sei sich aber sicher, ein gutes Gefühl für Menschen und deren Probleme zu haben.

Durch die zusätzliche Belastung an den Wochenenden kommt Sabine immer seltener nach Hause, doch ruft sie weiterhin regelmäßig ihre Eltern an. Wenn sie dann aber Zeit hat, ihre Eltern zu besuchen, ist die Atmosphäre wie früher, liebevoll und voller gegenseitigem Verständnis. Bei einem dieser Besuche berichtet sie, dass sie an einer Familienaufstellung nach Bert Hellinger teilnehmen will, die ein in ihrer Stadt ansässiger Heilpraktiker zusammen mit einem bekannten Experten durchführt. Sabine weiß zwar nicht genau, was da auf sie zukommt, deshalb kann sie es auch ihren Eltern nicht genau erläutern.

Am Tag nach der Familienaufstellung warten die Eltern gespannt auf einen Bericht ihrer Tochter am Telefon. Es kommt kein Anruf. Auch in den nächsten zwei Tagen nicht. Nun entschließt sich Herr Meier, von sich aus anzurufen. Sabine ist am Apparat. Er fragt nach ihren Erfahrungen in der Familienaufstellung. Darüber könne sie überhaupt noch nicht reden, sagt Sabine. Sie habe es noch gar nicht verarbeitet.

Auch in der nächsten Woche kein Anruf von Sabine. Als sich dieses Mal Frau Meier zu einem Anruf entschließt, meldet sich nur die Mailbox. Frau Meier bittet um einen Rückruf. Der aber kommt nicht. Es kommt überhaupt kein Anruf mehr.

Herr Meier entschließt sich zu etwas Ungewöhnlichem: Er fährt in die Stadt, in der Sabine arbeitet, und wartet am Mittag vor ihrer Schule auf sie. Er muss sie treffen, er muss wissen, was los ist. Und er trifft sie. Er kann nur die Frage loswerden: „Sabine, was ist denn los?" Weiter kommt er nicht. Er traut seinen Ohren nicht, als sie sagt: „Du bist hier unerwünscht! Und bitte ruf mich nicht an!" Sie dreht sich auf der Stelle um und lässt ihn entsetzt stehen.

Das ist für einige Zeit das Letzte, was er von seiner Tochter sieht und hört. Fassungslos setzt er sich ins Auto und weint wie ein Kind.

Ein Vierteljahr später klingelt es bei Meiers morgens sehr früh und sehr energisch. Herr Meier öffnet, noch im Morgenrock. Drei Polizisten stehen vor der Tür.

Er kennt zwei davon, auch den ältesten, der ihn anspricht: „Wohnt hier Herr Meier?"

„Nanu, Sie kennen mich doch?"

„Ich muss Sie bitten, mitzukommen."

„Wieso das? Das muss doch ein Irrtum sein!"

„Ich fürchte, es ist kein Irrtum."

Und er weist ihm einen Haftbefehl vor. Erst auf der Polizeiwache erfährt Herr Meier, was ihm vorgeworfen wird: Dringender Verdacht, seine Tochter, Sabine Meier, jahrelang und wiederholt sexuell missbraucht zu haben. Herr Meier wird verhört. Er kann nichts tun, als seine Unschuld zu beteuern. Auf viel Glauben stößt er bei den vernehmenden Polizisten nicht. Die kennen ihre Pappenheimer. Kinderschänder leugnen immer. Nach dem Verhör möchte Herr Meier nach Hause. Nein, er bleibe vorerst in Untersuchungshaft. Er lässt seinen Rechtsanwalt verständigen. Der erscheint umgehend, klärt ihn über den Ernst seiner Lage auf und gibt ihm die nötigen Verhaltensmaßregeln. Wenige Tage später wird er dem Haftrichter vorgeführt. Der sieht keine Notwendigkeit weiterer Untersuchungshaft, Herr Meier kann nach Hause gehen.

Doch in diesen wenigen Tagen hat sich die Welt für die Meiers vollkommen verändert. Die Nachbarn haben gesehen, wie Herr Meier von den Polizisten abgeführt wurde. Deren Neugier und ein indiskreter Polizeibeamter genügen, und jetzt weiß Hinz und Kunz in der Kleinstadt, dass Herr Meier ein Kinderschänder ist. Es kommen keine Kunden mehr ins Büro. Frau Meier wird im Bürgerverein unmissverständlich erklärt, dass man an ihrer Mitarbeit nicht mehr interessiert sei. Sie wird auf der Straße von alten Bekannten geschnitten. Nach einigen Wochen muss sich Herr Meier entschließen, seinen Angestellten zu kündigen. Es gibt keine Arbeit mehr. Die Versicherungen teilen Herrn Meier mit, die Zusammenarbeit mit ihm sei beendet.

Herr Meier hat Glück mit seinem Anwalt. Der hat sich Akteneinsicht verschafft und ein psychologisches Gutachten zur Aussage von Sabine beantragt. Das wird vom Staatsanwalt angefordert. Es kommt zum Ergebnis, dass Sabines Aussagen als nur eingeschränkt glaubwürdig einzustufen sind, weil Sabine vor ihrer Therapie sich nicht an einen Missbrauch erinnern konnte, weil die Erinnerungen erst durch systematische und wiederholte Bemühungen wiedergewonnen wurden und weil sich unter den Erinnerungen ein Ereignis aus ihrem dritten Lebensjahr befindet, das in den Bereich der kindlichen Amnesie fällt. In einem der von Sabine angeführten Fälle kann Herr Meier außerdem die berichteten Nebenumstände widerlegen. Das Ereignis konnte jedenfalls nicht so stattgefunden haben, wie sich Sabine erinnert.

Trotz des Gutachtens ist der Staatsanwalt sich nicht sicher, er stellt das Verfahren nicht ein, sondern erhebt Anklage. Es kommt zur Verhandlung. Meiers sehen ihre Tochter zum ersten Mal seit längerer Zeit und sind entsetzt, wie schlecht sie aussieht. Sie können nicht mit ihr sprechen, weil ihre Therapeutin sie sorgfältig von den Eltern abschirmt. Obwohl die Therapeutin im Zeugenstand Sabines Erinnerungen als zweifelsfrei erwiesene Fakten darstellt, sieht das Gericht das anders, weist den Vorwurf sexuellen Missbrauchs als nicht erwiesen zurück und spricht Herrn Meier frei.

Alles wieder gut? Keineswegs! In der öffentlichen Meinung der Kleinstadt ist der Freispruch zwar zur Kenntnis genommen worden, aber vorherrschend ist nach wie vor die Meinung, irgendetwas müsse an den Vorwürfen ja dran gewesen sein, denn sonst würde doch die eigene Tochter ihren Vater nicht verklagen.

Herr Meier hat fast kein Einkommen mehr. Seine Rücklagen reichen nur für wenige Monate. Er muss sein Büro auflösen. Der Dienstwagen wird verkauft und durch einen gebrauchten Kleinwagen ersetzt. Meiers können die Miete des von ihnen bewohnten schönen Hauses nicht mehr aufbringen. Die Suche nach einer kleineren Wohnung erweist sich als unmöglich. Bei den wenigen Angeboten in der Kleinstadt ziehen Meiers regelmäßig den Kürzeren. Einmal sagt ein Vermieter unumwunden, er vermiete nicht an Kinderschänder. Herr Meier sieht sich gezwungen, in die Kreisstadt umzuziehen, die eine halbe Autostunde entfernt ist. Dort kennt man ihn kaum, er findet zuerst eine Bürotätigkeit und dann auch eine geeignete kleine Wohnung. Er hat nicht den Mut, sich erneut freiberuflich niederzulassen. Freilich sind seine Einkünfte jetzt mit den früheren kaum vergleichbar. Um Miete, Lebensunterhalt, Auto und seine Lebensversicherungen finanzieren zu können, muss auch seine Frau mitarbeiten, die einen Minijob in einem Supermarkt annimmt.

Zwei Jahre nach dem Abbruch der Kontakte zu Sabine haben Meiers äußerlich wieder eine einigermaßen stabile Lebenssituation gefunden, wenn auch unter sehr bescheidenen Umständen. Doch damit können sie sich noch am ehesten abfinden. Schlimm für sie ist aber weiterhin, dieses Unrecht dulden zu müssen, ohne sich wehren zu können. Das Schlimmste aber ist der Verlust der Tochter. Einen direkten Kontakt zu ihr gibt es nicht. Durch Zufall hören Meiers von einer Kollegin von Sabine, es sei ihr in der letzten Zeit immer schlechter gegangen. Oft habe sie krankheitshalber gefehlt. Jetzt sei sie vom Dienst freigestellt, um sich einer stationären Therapie zu unterziehen. Das ist das Letzte, was Meiers von ihrer Tochter hören.

Der Fall Meier, fiktiv, aber höchst realistisch

Die Geschichte von der Zerstörung der Familie Meier ist fiktiv, aber keineswegs frei erfunden. Da es bei einer Fallbeschreibung in dieser Ausführlichkeit schwierig ist, die Persönlichkeitsrechte der Betroffenen zu wahren, wurde der Weg gewählt, zwei reale Fälle so miteinander zu „verschneiden", dass ein Rückschluss auf die realen Personen nicht möglich ist. Dabei bleiben die Merkmale, die sich in den vorliegenden Fällen immer wieder finden, klar erhalten. Die wichtigsten Merkmale sind:

- Die Beschuldigungen werden von erwachsenen Personen erhoben, in der weit überwiegenden Mehrheit von Frauen.
- Der Grund für die Beschuldigungen sind Erinnerungen an sexuellen Missbrauch. Diese Erinnerungen waren bis zum Eintritt in eine Psychotherapie oder andere Lebenshilfe-Maßnahme, die aus beliebigen psychischen Schwierigkeiten heraus begonnen wurde, nicht vorhanden.
- Direkt beschuldigt wird in der Regel der Vater, die Mutter oft als Mitwisserin, manchmal als Mittäterin. Seltener ist die Beschuldigung anderer Verwandter. Außer der Erinnerung der Betroffenen

liegt keine objektive Bestätigung der Beschuldigungen vor.
- Der Kontakt zu den Beschuldigten wird, meist auf Anraten der Therapeuten, sofort abgebrochen.
- Praktisch immer wird eine Familie durch die Beschuldigung zerstört.

Weitere häufige Merkmale, die bei den einzelnen Fällen aber in unterschiedlicher Weise auftreten, sind:

- Die Beschuldigten werden mit der Beschuldigung konfrontiert und/oder wegen Kindesmissbrauchs verklagt.
- Im Lauf der Therapie geht es den Therapierten immer schlechter. Eine Stabilisierung wird – wenn überhaupt – erst nach langer Zeit erreicht.
- Manche der Therapierten haben schon eine längere Historie in psychotherapeutischer Behandlung oder als psychisch labile Personen hinter sich.
- Manchmal wird bei den Betroffenen eine dissoziative Identitätsstörung (DIS, früher multiple Persönlichkeitsstörung) diagnostiziert.
- Die Betroffenen sind entweder in ihrem Charakter oder aus Gründen ihrer persönlichen Situation als leicht suggestibel einzustufen.

Es stellt sich die Frage, wie häufig Fälle wie der der Familie Meier sind. Einzelheiten zu dieser Frage folgen weiter unten im Abschnitt *Wie häufig sind falsche Erinnerungen an sexuellen Missbrauch?* Hier nur so viel: Es handelt sich nach unserem besten

Wissen um gewaltige Zahlen, die aber in keinem Verhältnis zu der minimalen Präsenz derartiger Fälle im öffentlichen Bewusstsein stehen.

Zweiter Fall: Missbraucht! – oder nicht?

Noch einmal davongekommen.

Diesmal ist es kein fiktiver Fall, sondern ein sehr realer. Außerdem sehen wir diesmal die Gefahren induzierter Erinnerungen nicht aus Sicht des Beschuldigten, sondern aus Sicht des angeblichen Opfers. Frau K. aus H. berichtet selbst:

„Ich bin Diplompädagogin mit Schwerpunkt Pädagogik bei Verhaltensgestörten. Der Vorfall, über den ich berichte, fand zu einer Zeit statt, als ich ein Aufbaustudium für Psychotherapie absolvierte. Psychologische und psychotherapeutische Gedankengänge waren mir daher vertraut. Doch es waren keine psychischen Schwierigkeiten und auch nicht meine leicht depressiven Zustände im Zusammenhang mit Liebeskummer, die mich in eine Therapie führten. Der Anlass war eine immer wiederkehrende Blasenentzündung, derentwegen ich im Dezember 2011 eine Heilpraktikerin, Frau S., aufsuchte. Ich hatte Frau S. bei einem Vortrag erlebt und fand sie sympathisch. Sie war eine Mittvierzigerin mit kurzen blonden Haaren und Brille, die sehr freundlich wirkte. Sie gab an, auch Schamanin zu sein. Ich hatte mich viel mit

Esoterik beschäftigt und einen Glauben an „höhere Mächte" entwickelt.

Ich nannte ihr mein Problem, nämlich die Blasenentzündungen. Sie fragte gar nicht viel nach, sondern begann, sich mit meinem „höheren Selbst" zu verbinden. Dabei schlug sie auf eine Trommel. Nach einer Weile hörte sie auf und sah ziemlich besorgt aus. Sie sagte, mein „höheres Selbst" habe angstvoll auf ein Ereignis gedeutet, das man anschauen solle. Da käme sie alleine aber nicht weiter. Ob es vielleicht sexuelle Grenzüberschreitungen von Seiten des Großvaters gegeben haben könne?

Ich wusste davon nichts. Allerdings erzählte ich ihr, dass ich solche Gedanken in meinem Studium bei der Beschäftigung mit Gewalt bei Kindern kurz gehabt hatte. Laut meiner Mutter hatte ich als Kind zeitweilig gegenüber meinem Vater ein Verhalten gezeigt, wie es in solchen Fällen typisch sein soll. Daraufhin meinte Frau S., dass sie im Inneren auch mich und meinen Vater „gesehen" habe. Ich war erschrocken, sollte das doch stimmen?

Ich hatte beim Studium gelesen, dass Missbrauch oft über die Generationen weitergegeben wird. Auch wusste ich, dass man bei keinem Menschen völlig sicher sein kann, zu was er fähig ist. So fragte ich, ob mein Vater vielleicht selbst Opfer von sexuellem Missbrauch geworden sein könne. Frau S. bejahte das. Dann konnte mein Vater vielleicht wirklich ein Täter sein?

Frau S. meinte, ich solle nun öfter zu ihr kommen – meine Eltern würden das bestimmt bezahlen, um vielleicht etwas „wieder gut zu machen". Sie hielte mich aber für stabil und könne mich jetzt guten Gewissens nach Hause gehen lassen.

Wie stabil war ich wirklich? Ein Ereignis in der Straßenbahn nach Hause zeigte das: Ich saß apathisch in der Bahn, als ich sah, wie eine Frau ihr kleines Kind ins Gesicht schlug. Ich fragte sie, ob sie das in Ordnung fände. Sie reagierte sofort aggressiv. Sie und ihr Mann fingen an, mich sehr vulgär zu beschimpfen. Ich rief die Polizei an, große Aufregung. Als die Bahn anhielt, stiegen die beiden aus und wollten, dass ich auch ausstieg, „um das zu regeln". Keiner der Umstehenden wollte mir helfen. Ich blieb verzweifelt zurück und weinte, bis ich zuhause war. Dort beruhigte ich mich langsam wieder. Normalerweise hätte ich jetzt meine Mutter angerufen, aber ich traute mich nicht. Wenn Frau S. Recht hätte, hätte ich wohl keine Familie mehr.

Zwei Tage grübelte ich darüber, ob die Behauptung der Therapeutin stimmen könnte und wie solche Erlebnisse hätten aussehen können. Ich steigerte mich in schreckliche Bilder hinein. Andererseits wusste ich, dass falsche Erinnerungen induziert werden können, und auch das machte mir Angst. Ich ging durch ein Wechselbad der Gefühle. Meine für mich sehr schöne Kindheit erschien auf einmal ganz anders. Ich bekam Angst und schlief mit Licht. Meine Freundinnen waren geschockt, aber auch skeptisch. Letztlich ließen sie mich allein.

An anderen Tagen sah ich das Ganze recht nüchtern – eher wie in einem komischen Traum. Ich versuchte, mich auf mein Gefühl zu verlassen, und horchte in mich hinein. Anfangs konnte ich mir sagen: „Wenn das stimmt, wusste meine Mutter sicher nichts davon." Am nächsten Tag war ich mir auch dessen nicht mehr so sicher. Langsam verlor ich das Vertrauen in mein Gefühl.

Schließlich traf ich eine Entscheidung, die im Rückblick gesehen meine Rettung war: Ich schrieb Frau S., ich würde nicht mehr zu ihr kommen. Mein Gefühl hatte mir gesagt, ihre Vermutung sei Unsinn. Bei ihr würde ich nur depressiv werden.

Trotz dieser klaren Entscheidung hatte diese Therapiestunde mein Leben auf den Kopf gestellt, und es ging weiter auf und ab. Immer wieder musste ich denken, ich sei durch meinen Vater missbraucht worden. Als ich merkte, dass mich das nicht losließ, entschied ich mich, mit meiner Mutter zu sprechen, und fuhr am nächsten Tag zu ihr: Fünf Stunden Autofahrt in höchster Anspannung.

Meine Mutter war durch meine telefonische Anmeldung darauf gefasst, ich könnte ihr etwas so Schreckliches wie eine Krebserkrankung mitteilen wollen. Deshalb war sie fast froh, dass es „nur" ein komischer Verdacht war, der mich so erschütterte. Wir sprachen lange darüber und es tat mir sehr gut, dass sie mir mit absoluter Sicherheit sagen konnte, dass wirklich nichts dran war. Ich war erleichtert, fuhr wieder nach H. und hatte eine Zeitlang Ruhe.

Doch Angst und Missbrauchsvorstellungen ließen mich nicht los. Ich entschloss mich spontan, auch mit meinem Vater zu sprechen. Dieses Gespräch war unglaublich gut. Mein Vater war überhaupt nicht beleidigt, sondern sehr liebevoll und fürsorglich. Ich konnte mich ihm sehr nah fühlen, was sonst nicht so oft vorgekommen war, und ich konnte ihm vollkommen vertrauen. Ich ging überglücklich ins Bett und war froh, endlich nicht mehr an Frau S. und ihren gefährlichen Einfluss denken zu müssen.

Doch auch dieses Gespräch brachte meine frühere Stabilität nicht zurück. Ich wachte am nächsten Morgen wieder mit Angst auf. Eine einzige Therapiestunde hatte mich ernsthaft aus dem Gleichgewicht gebracht. Ich ließ mich krankschreiben und blieb eine Woche bei meinen Eltern. Gemeinsam mit meinen Eltern eruierte ich, wie mich diese Behauptung so aus dem Tritt hatte bringen können.

Zurück im psychotherapeutischen Praktikum war ich dem Leid meiner Patienten nicht mehr gewachsen. Ich zog für eineinhalb Monate zu meinen Eltern und versuchte, die Mischung aus Depression und Angst selbst in den Griff zu bekommen. Mal war ich mehrere Tage stabil und konnte die Geschichte objektiv betrachten. An schlechteren Tagen jedoch löste alles, was mich daran erinnerte, Angst aus. Auch eine andere Therapeutin, die ich vorübergehend aufsuchte, konnte mir nicht helfen, eher im Gegenteil.

Glücklicherweise fand ich im Internet den „Arbeitskreis Induzierte Erinnerungen" im Verein „Schulterschluss bei Sektenbetroffenheit" in Wuppertal.[8] Mir wurde empfohlen, mich an Herrn Prof. S. in Berlin zu wenden. Ich verbrachte sechs Wochen in dessen Klinik, wobei anfangs alles noch sehr viel schlimmer wurde und auch Suizidgedanken aufkamen. Trotzdem wurde dort die Grundlage meiner Stabilisierung gelegt, die sich aber erst anschließend und sehr langsam eingestellt hat.

Ein dreiviertel Jahr danach konnte ich wieder arbeiten, allerdings anfangs nicht in der Psychotherapie, sondern als Erzieherin in einem Kinderhort. Mir war wichtig, nicht sofort wieder mit psychischen Problemen von Patienten konfrontiert zu sein, denn dazu wollte ich erst wieder festen Boden unter meinen Füßen spüren. Nach einer Reise und einem Sprachkurs habe ich meine Psychotherapieausbildung wieder aufgenommen.

Inzwischen sind fast 5 Jahre vergangen. Um das Ganze abzuschließen, habe ich mit Frau S. noch einmal telefoniert. Dabei stellte sich heraus, dass sie in bester Absicht gearbeitet hatte. Ihr Fehler, den sie auch zugegeben hat, war ihr nicht bewusst. Nach dem Vorfall blicke ich einerseits erschüttert darauf zurück, wie großen Einfluss eine solche schnell gemachte Bemerkung haben konnte. Andererseits bin ich auch dankbar dafür, denn die schwärzeste Zeit meines Lebens war trotz ihrer Schwere und Hoffnungslosigkeit auch eine Zeit der Transformation für mich. Ich habe gelernt, was mir im Leben wichtig ist und was für ein Verhalten ich mir selbst gegenüber schuldig bin. Ich habe ein großes Maß an Empathie – aber auch an Vorsicht – gewonnen, wenn es um Patienten geht, die von Missbrauch betroffen sind."

Soweit der Bericht von Frau K.

Was wir aus diesem Fall lernen können

Auch dieser Bericht zeigt uns eine Reihe von Merkmalen, die wir bei falschen Erinnerungen an sexuellen Missbrauch immer wieder beobachten:

- Frau K. ist als Erwachsene ohne irgendeine Erinnerung oder auch nur den Verdacht eines erlittenen Missbrauchs in eine Therapie gegangen. Der Anlass, eine Therapie aufzusuchen, war nicht einmal ein psychischer, sondern ein physisches Problem.
- Der Verdacht eines Missbrauchs wurde unbestimmt geäußert. Erst dadurch entfaltet sich sein suggestiver Charakter. Eine direkte Aussage wäre vielleicht auf Widerspruch gestoßen.
- Die Therapierte übernimmt die Suggestion mit Skepsis, aber sie muss darüber nachdenken. Es folgen visuelle Vorstellungen der Situationen, die geschehen sein könnten, mit hohem autosuggestivem Potential.
- Das Grübeln über den suggerierten Verdacht wird zur Tage und Nächte füllenden Qual.
- Auch bei einer skeptischen Persönlichkeit genügt allein ein Verdacht, um das Befinden äußerst negativ zu beeinflussen.
- Die Therapeutin hatte keine wissenschaftliche Ausbildung, dafür aber einen esoterischen Hintergrund.
- Sie hat im besten Willen gearbeitet, hatte aber keine Ahnung von den Gefahren einer suggestiven Beeinflussung ihrer Klientin.

Was hat sich eigentlich durch diese Therapiestunde im Leben von Frau K. faktisch geändert? Nach eigener Einschätzung lebte sie bis dahin recht stabil. Wenn jetzt ein Verdacht auf einen sexuellen Missbrauch in der Kindheit auftaucht, ja sogar, wenn dieser bestätigt werden sollte, was hat sich damit in ihrem Leben geändert? Logisch gesehen gar nichts! Es geht um Ereignisse, die schon immer Teil ihres Lebens waren. Sie hat damit bis jetzt gelebt, es hat ihr keine Probleme gemacht, wieso soll ihr das jetzt plötzlich zum Problem werden? Doch wer denkt schon so abstrakt-logisch?

Die objektiv-historische Ereignisfolge unseres Lebens, mit der wir logisch operieren können, ist nur eine von zwei gedanklichen Ebenen. Sie bleibt natürlich unverändert, ist uns aber nur zum kleinsten Teil bekannt. In der anderen Ebene liegt unsere subjektive Sicht auf unsere Vergangenheit. Sie enthält unsere Erinnerungen, so wir sie eben haben, oft nicht ganz richtig, meist aber nicht ganz falsch und immer unvollständig. Sie enthält auch unsere Gefühle, die damit verbunden sind, und das, was wir uns dazu gedacht haben. Und sie kann – wie wir sehen werden – jederzeit nachträglich umgeschrieben werden. Diese subjektive Sicht auf unser Leben ändert sich durch den Verdacht auf sexuellen Missbrauch erheblich.

Manche Menschen versuchen, vorwiegend mit der logischen Ebene zu arbeiten, begründen daraus ihre Handlungen und Entscheidungen. Die meisten Menschen aber sind gar nicht in der Lage, diese beiden Ebenen klar zu trennen. Und daher kommt ihr Leben durch einen solchen Verdacht vollkommen durcheinander. Vieles, was festzustehen schien, ist jetzt plötzlich fraglich. Was muss alles neu bewertet werden? Unser Verhältnis zu Menschen, denen wir vertraut haben? Unsere Erinnerung an eine glückliche Jugend? War sie wirklich so glücklich?

Unser zweiter Fallbericht hat uns gezeigt, wie gefährlich und möglicherweise zerstörerisch ein einziger suggestiv geäußerter Verdacht auf sexuellen Missbrauch sein kann. Wir können davon ausgehen, dass alle Therapeuten nur das Beste für ihre Patienten tun wollen. Doch Unkenntnis der Gefahren oder eine ideologische Rechtfertigung ihres Handelns sind keine Entschuldigung für gefährliche Therapien. Der Fall von Frau K. ist abgeschlossen. Sie ist mit einem blauen Auge davongekommen.

Fragen und Antworten

Im Laufe der letzten zehn Jahre sind immer wieder Fragen an den Autor gerichtet worden, die ähnliche Situationen und Fälle betreffen, wie der oben geschilderte. Hier einige Beispiele:

„Meine Therapeutin sagt mir, meine Symptome deuteten darauf hin, dass ich als Kind sexuell missbraucht worden sei. Ich müsse mich daran unbedingt erinnern, wenn ich von meinen Problemen geheilt werden wolle. Ich kann mich aber nicht daran erinnern und weiß nicht, was ich davon halten soll."

Oder:
„Als Halbwüchsige bin ich einmal per Anhalter gefahren. Plötzlich hielt der Fahrer mich fest und gab mir einen ekelhaften Zungenkuss. Ich muss auch heute, zehn Jahre später, immer wieder mit Abscheu daran denken. Ich glaube, ich muss eine Psychotherapie machen, um darüber hinwegzukommen. Was meinen Sie?"

Oder:
„Ich bin 17 Jahre alt und wurde als Kind sexuell missbraucht. Nicht nur einmal. Und ich kann mich genau in allen Einzelheiten daran erinnern. Jetzt haben wir aber in der Schule das Thema „false memory" durchgenommen. Da sind mir dann doch Zweifel gekommen, ob meine Erinnerungen vielleicht auch falsch sein könnten. Wie kann ich das feststellen?"

Wie antwortet man auf solche Fragen, die meist Teil einer ausführlicheren Falldarstellung sind? Selbstverständlich muss sich jede Antwort nach den Einzelheiten der Anfrage richten. Hier einige gedankliche „Bausteine", die je nach dem Fall zu einer Antwort beitragen können:

- Niemand kann allein aus dem Inhalt der Erinnerungen mit Sicherheit sagen, ob diese auf wirkliches Erleben zurückgehen oder ob es falsche Erinnerungen sind. Darüber sind sich alle Gedächtnisforscher einig. Sicherheit können nur Sachbeweise geben.
- Wenn Sie Ihre Erinnerungen prüfen wollen, sollten Sie Eltern, Geschwister, Freunde und Zeitzeugen

befragen, alte Briefe und Dokumente lesen, Fotos aus der Kindheit betrachten usw. Niemals aber sollten Sie Ihren Therapeuten befragen, denn der kann es nicht wissen, und wenn er glaubt, es zu wissen, dann wird es gefährlich.

- Ob Sie nun ein Trauma wie Missbrauch erlebt haben oder nicht, alles, was gewesen ist oder vielleicht gewesen sein mag, ist ein unlöschbarer Teil Ihres Lebens und Ihrer heutigen Situation. Sie kommen nicht umhin, diese zu akzeptieren. Erst dann können Sie weitergehen in die Zukunft, ohne dass die Vergangenheit Sie herunterzieht.
- Eine Psychotherapie kann vielleicht dabei helfen, die heutige Situation zu nehmen, wie sie ist. Die Therapie sollte dann aber nicht an der Vergangenheit ausgerichtet sein, sondern an der Gegenwart, mit der Zukunft als Ziel.
- Wenn Ihnen Ihr Therapeut sagt, er wisse genauer als Sie, was Sie erlebt haben, dann beenden Sie diese Therapie sofort.
- Wenn Sie sich an eine glückliche Kindheit erinnern, dann lassen Sie sich von niemandem einreden, es sei anders gewesen. Auch wenn aus heutiger Sicht schlimme Dinge geschehen sein sollten, solange Sie diese nicht als schlimm erlebt haben, waren sie auch nicht traumatisch. Sie können daraus aber Ihre Lehren für die Zukunft ziehen.

Dritter Fall: Wir sind viele!

Die folgende Fallskizze beruht auf einem sehr umfangreichen und überaus anschaulichen Bericht von Frau R., fast im Umfang eines kleinen Buches. Ihr Fall stammt aus den frühen 90-er Jahren. Heute würde er als Fall von dissoziativer Identitätsstörung (DIS) bezeichnet, aber sie schreibt der früheren Bezeichnung entsprechend von multipler Persönlichkeit.

Frau R. hatte eine sehr schwierige Kindheit gehabt. Ihr Vater war von puritanischer Strenge gewesen und hatte in geradezu sadistischer Weise dem Kind alles genommen, was ihm Freude gemacht hatte. Es war Missbrauch gewesen, aber emotionaler Missbrauch. Mit Sexualität hatte das nichts zu tun.

Sie hatte bereits eine Historie verschiedener Psychotherapien hinter sich, in denen sie versucht hatte, ihre belastende Kindheit aufzuarbeiten, als sie die Diagnose *Multiple Persönlichkeit* bekam. Jetzt einige Zitate aus ihrem langen Bericht:

„Als meine Therapeutin die Diagnose *Multiple Persönlichkeit* (*multiple persons syndrome*, MPS) aussprach, war ich anfangs erschrocken, beruhigte mich aber bald. MPS schien nichts Beängstigendes oder Verrücktes zu sein, es war etwas Bizarres, das von meiner Therapeutin und ihren Kollegen sogar bewundert und als sehr kreativ eingeschätzt wurde. Schon immer hatte ich den Eindruck gehabt, es hätte kein stabiles *Ich* gegeben. Das, was ich für Stimmungswechsel, widersprüchliche Bedürfnisse und unterschiedliche Gefühle gehalten hatte, waren also in Wirklichkeit eigene Personen.

Durch ihre Trancearbeit in den Sitzungen schuf meine Therapeutin in mir zunächst eine *kleine Anna* und eine *wütende Anna*. Damit war der Prozess der Persönlichkeitsspaltung in Gang gesetzt.

Mit dieser Diagnose glaubte ich, viele verwirrende Situationen meines Lebens klären zu können. Es war so logisch, in der erdrückenden Gewalt der Kinderjahre eine solche Störung entwickelt zu haben. MPS war die Antwort eines Kindes auf den Terror der Erwachsenen. Vermutlich hatte ich deswegen so lange geglaubt, noch nicht wirklich zu leben. Unmerklich änderte sich jetzt auch die Sprache. Es gab kein *Ich* mehr. Wenn ich da war, sagte ich nicht: „Ich fühle mich ganz schlecht" – ich sagte jetzt: „*Wir* fühlen uns ganz schlecht."

Das innere Theater

Frau R. beschreibt ihr inneres Erleben:

„Ich ging in mich hinein, als wäre mein Inneres eine Art Theater. Vorne war die Bühne, dahinter lag ein Flur mit kalten, engen Garderobenkabinen, in denen die Schauspielerinnen lebten. Man konnte auf die Bühne gehen und sprechen oder schweigen und für diese Zeit das *innere Theater* regieren, man konnte auf der Bühne machen, was man wollte. Aber jede Akteurin lebte ganz für sich abgeschlossen, redete nicht mit den anderen, jede hatte ihre eigene Biografie voller Schrecken. Jetzt – durch die Diagnose MPS – war ich davon überzeugt, dass neben mir noch andere im *inneren Theater* lebten, ich sah nicht, dass dies eine reine Glaubenssache war.

Ich war davon überzeugt, dass die anderen ‚abgespaltenen Persönlichkeiten' – genau wie ich – bislang geglaubt hatten, allein zu existieren.

Ich fühlte den Rollenwechsel, sah mich auftreten und wieder abtreten, eine andere kam auf die Bühne, und wieder eine andere redete. In der Therapie musste nun nichts mehr versteckt werden, es war sogar erwünscht, der Therapeutin offen zu zeigen, wie das multiple System funktionierte.

Die ‚abgespaltenen Persönlichkeiten' erhielten von der Therapeutin und von mir jeweils eigene Namen. Mein überwältigendes Bedürfnis nach mütterlicher Liebe und Wärme der Therapeutin erhielt den Namen *kleine Anna*, mein Zorn und meine Empörung hießen *wütende Anna*. Die fügsame, weibliche Unterwerfung bei einem Mann hieß *Henriette*. Für den richtigen Umgang mit meinem Sohn gab es den Namen *Andrea*, und meine Hassfrau hatte den Namen *Black*. Mein enormes Bedürfnis, Gehorsam zu verweigern, erhielt den Namen *die Neinsagerin*. Für mein protestierendes, aufmüpfiges Verhalten gab es den Namen *Rieke*, und mein genaues Gedächtnis wurde *Franziska* genannt.

Es gab die Person, die in Windeseile alles saubermachte und es gab eine, die hervorragend handarbeiten konnte. Es gab die *Handwerkerin* und die *Dichterin* etc., wobei ich bereits sah, dass diese abgespaltenen Persönlichkeiten keinesfalls als Antwort auf die Traumata meiner Kindheit entstanden sein konnten. Sie alle hatten keinerlei Entlastungsfunktion für die erlebte Gewalt. Doch auch alle anderen multiplen Frauen, die ich in Therapiegruppen kennenlernte, hatten solche und ähnliche ‚Persönlichkeiten' in ihren Systemen, und so dachte ich nicht weiter darüber nach."

Ein gigantisches Rollenspiel

Frau R. kommt in ihrem Bericht zu den problematischeren Seiten ihrer Therapie:
„Im Verlauf der Therapie wurden es immer mehr Persönlichkeiten. Es war wie bei einer Geisterbeschwörung, meine Therapeutin rief die Geister mit ihrem Namen, und ich wurde sie nicht mehr los. Die Abhängigkeit von meiner Therapeutin glich mittlerweile den Abhängigkeitsverhältnissen, wie sie von Sekten für die Mitglieder geschaffen werden. Ich war umfassend auf meine Therapeutin konditioniert, und sie konnte mich mit einem Wort, mit einem Blick, mit einer Geste dazu bringen, sofort wieder bei ihr zu erscheinen, wenn ich abtrünnig werden oder aussteigen wollte. Sie musste mich dazu nur in ihre Arme nehmen oder ‚kleine Anna, komm zu mir' sagen oder eine andere Persönlichkeit zärtlich mit ihrem Namen rufen, und schon vergaß ich alles, was zuvor geschehen war.
Es war ein gigantisches, atemberaubendes Rollenspiel. Ich funktionierte perfekt als multiple Frau.

Eigentlich wusste ich beim Personenwechsel immer ganz genau, was geschah – da lief nichts, ohne dass ich es merkte. Doch alles, was ich in diesen neun Jahren erlebte, fühlte, dachte und tat, trug das Prädikat ‚multipel' und wurde nie hinterfragt."

Frau R. gibt eine umfangreiche Beschreibung von ihrem Leben als Multiple, Interaktionen mit anderen Multiplen und ihrem Sohn, der ebenfalls gelernt hatte, sie als multipel zu verstehen.

„Mein Sohn beobachtete mit wachsender Besorgnis, wie meine Isolation zunahm, dass ich zwischen den einzelnen Therapiesitzungen wie gelähmt im Sofa saß. Und er fragte sich, was daran gut war, dass es mir und allen ‚Innenpersonen' immer schlechter ging. Verstört gab ich seine Frage an meine Therapeutin weiter. ‚Es ist völlig normal, dass es euch im Augenblick schlechter geht', sagte die Therapeutin. ‚Es *muss* sogar so sein. Aber ihr werdet bald merken, dass es dann wieder aufwärts geht.'"

Einige Innenpersonen von Frau R. waren sexuell missbraucht worden, aber sie selbst hatte daran keinerlei Erinnerung. Doch die Therapeutin insistierte darauf:

„‚Aber ich bin nie sexuell missbraucht worden', sagte ich verstört. ‚Doch', erklärte die Therapeutin. ‚Auch du hattest diesen Vater. Auch du wurdest sexuell missbraucht. Ihr habt alle denselben Körper, und deshalb bist auch du sexuell missbraucht worden. Du wolltest es nur nicht wahrhaben! Gib deinen Widerstand auf! Lass die Biografien von den anderen einfach in dich hineinfließen.' Es klang so logisch, was sie sagte. Ich gab meinen Widerstand auf. Ab diesem Tag war auch der letzte Anteil von mir sicher, vom Vater sexuell missbraucht worden zu sein, genauso wie die anderen Persönlichkeiten im inneren Theater."

Das Theater löst sich auf

Doch Frau R. hatte wohl in ihrer schlimmen Kindheit einen gewissen Widerspruchsgeist und eine kritische Sicht entwickelt, die ihr halfen, die gesamte Situation und die Abhängigkeit von ihrer Therapeutin in Frage zu stellen:

„Obwohl ich nie an der Diagnose MPS gezweifelt hatte, war ich doch nicht immer einig mit meiner Therapeutin. Dann aber kamen zwei Dinge zusammen: Ich erlebte, wie zwei Bekannte plötzlich multipel wurden und sich in einer Weise an satanischen Missbrauch ‚erinnerten', die sogar mir verrückt vorkam. Dann gab eine Freundin mir das Buch *Die missbrauchte Erinnerung* von Ofshe & Watters. Durch diese Lektüre kam ich auf kritische Fragen: Wo waren die klinischen Beweise dafür, dass meine Symptome eindeutig auf sexuellen Missbrauch hinwiesen? Weshalb hatte ich so viele Jahre lang nicht die geringste Erinnerung an sexuellen Missbrauch gehabt? Wie konnte ich überhaupt jemals vergessen, so lange und so abscheulich missbraucht worden zu sein? Weshalb hatten sich die multiplen Symptome nicht bereits zu Therapiebeginn gezeigt? Weshalb entwickelten sich die multiplen Symptome bei mir erst, als ich die Diagnose MPS erhielt, also neun Monate nach Therapiebeginn? Weshalb hatte meine frühere Therapeutin kein MPS bei mir festgestellt? Als ich erkannte, dass mir MPS künstlich zugefügt worden war, sah ich auch endlich deutlich, dass meine unterschiedlichen Gefühle, Stimmungen und widersprüchlichen Bedürfnisse keine eigenständigen Personen waren. Durch die Diagnose MPS hatte ich aber die Erlaubnis bekommen, all diese unterschiedlichen Gefühle, Sehnsüchte und wechselnden Bedürfnisse zu zeigen und ich hatte geglaubt, dass es innere Persönlichkeiten wären, die dann erschienen."

Frau R. beendet ihren langen Bericht mit den Worten:

„Ich bin absolut davon überzeugt, dass es das Krankheitsbild MPS nicht gibt und auch nie gegeben hat. Es ist, wie ich schon schrieb, ein gigantisches Rollenspiel, von Therapeuten künstlich erschaffen."

Die Folgen dieser Therapie waren damit allerdings bei Weitem nicht ausgestanden. Deshalb wollte Frau R. gegen ihre Therapeutin wegen Falschtherapie rechtlich vorgehen. Das misslang, denn es gibt in Deutschland kaum rechtliche Handhaben gegen Psychotherapeuten. Ihre Therapeutin rächte sich und verbreitete im Umfeld von Frau R., diese sei eine Täterschützerin. Frau R. musste ihren Wohnort wechseln und sich woanders eine neue Existenz aufbauen.

Vierter Fall: Die große Verschwörung

Auch dieser letzte Fall ist ein realer Fall, der dem Autor vorliegt. Es ist eine Schauergeschichte, und man könnte meinen, sie stamme aus einem schlechten Roman, wenn sie nicht traurige Wirklichkeit wäre und nur ein Fall von vielen ähnlichen. Es geht um den sogenannten rituellen Missbrauch. Dabei gehen diese Fälle davon aus, dass es verschworene Kulte gibt, die weitverzweigt, vielleicht sogar international und in den höchsten gesellschaftlichen Kreisen verankert sind. In diesen Kulten werden angeblich Kinder und junge Frauen systematisch sexuell missbraucht. Einzelheiten dazu im Abschnitt *Die Rituelle Gewalt/Mind Control-Theorie*.

Es geht um das Schicksal einer jungen Frau, die hier Frau Z. genannt werden soll. Frau Z hat eine schwierige Kindheit. Ihr Stiefvater ist jähzornig. Mit 11 Jahren ein Missbrauch durch einen Bekannten. Sie entwickelt eine Sprachstörung und verlässt das Gymnasium ohne Abschluss, ist depressiv, verletzt sich selbst, ist zeitweise in klinisch-psychiatrischer Behandlung. Sie lebt von Hartz IV in Gastfamilien oder therapeutischen Wohngruppen. Es folgt eine Ehe, die wegen Gewalttätigkeit und Alkohol nach drei Jahren geschieden wird. In einer Kölner Privatklinik, die sie aufsucht, vermutet man eine Dissoziative Identitätsstörung (DIS) und verweist sie an eine Spezialistin für Traumatherapie. Dabei handelt es sich um die Diplompsychologin und approbierte Psychotherapeutin Frau S. Diese führt neben ihrer privaten

Praxis zu dieser Zeit eine Beratungsstelle für „Überlebende ritueller Gewalt" beim Bistum Münster. In der Therapie bei Frau S. spielt ihre gescheiterte Ehe schnell keine Rolle mehr. Frau Z. erfährt dort zum ersten Male, dass sie angeblich das Opfer eines satanisch-rituellen Missbrauchs sei. Frau Stegemann verlangt von ihr, sich immer wieder Bilder dieses Missbrauchs vorzustellen. Sie sei in diesen Kult hineingeboren worden und verfüge über Geheimwissen. Ihre Sprachstörung rühre von einem Redeverbot der Kultobersten her.

Sie soll ihren Innenpersönlichkeiten, die sie aufgrund der dissoziativen Identitätsstörung hat, Namen geben. Frau S. gibt ihr die Aufgabe, ein Buch durchzuarbeiten, in dem Erfahrungen rituellen Missbrauchs beschrieben werden. Jetzt hat auch Frau Z. „Erinnerungen" an Blut, Messer, Glockenklänge, eine Hohepriesterin, einem Altar, genau wie in dem Buch beschrieben. Frau S. begrüßt das als wichtigen Schritt vorwärts. Frau Z. werde aber bis in die Gegenwart gefoltert und missbraucht, ohne sich dessen bewusst zu sein. Es könne sein, dass sie auf Musik aus einem Autofenster hin sich in dieses Auto setze und zu den Ritualen des Kults gebracht werde. Um sich dagegen zu wehren, müsse sie sich an alles erinnern, was ihr geschehen sei und alle ihre Innenpersönlichkeiten miteinander versöhnen, deren Zahl bis zu mehreren Tausend gehen könne. Das könne bis zu 10 Jahren dauern.

Im Lauf der Therapie geht es Frau Z. immer schlechter. Sie bricht auf Anweisung von Frau S. Kontakte zu Freunden und Familie ab. Aus Angst vor Entführung durch die Täter geht sie nicht mehr allein vor die Tür und schaltet ihr Handy aus, damit diese sie nicht orten können.

Nach einem Urlaub ist Frau Z. schwanger. Sie freut sich, aber Frau S. erklärt ihr, das Kind sei bei einer Massenvergewaltigung des Kults gezeugt worden. Ihr Kind sei in höchster Lebensgefahr. Und deshalb wendet sich Frau S. gegen den Willen von Frau Z. an das Jugendamt. Dort gibt sie an, Frau Z. habe bereits früher ein Kind gehabt, das aber bereits vorgeburtlich geopfert worden sei.

Das Jugendamt schaltet das zuständige Amtsgericht ein. Dort gibt Frau Z. an, dass es ihre erste Schwangerschaft sei und belegt das mit einer Bescheinigung ihrer Frauenärztin. Das steht im Widerspruch zur Aussage von Frau S. über eine frühere Schwangerschaft. Frau Z. sagt, sie traue sich zu, für ihr Kind selbst zu sorgen.

Doch das Jugendamt übernimmt vor Gericht die Position von Frau S., nach der man nicht wissen könne, wie die diversen Innenpersönlichkeiten von Frau Z. auf das Kind reagieren. Das sieht auch die Richterin so und entzieht Frau Z. bereits vor der Geburt ihres Kindes das Sorgerecht. In der ersten Zeit nach der Geburt muss Frau Z. in einer Mutter-Kind-Einrichtung leben.

Die Therapie bei Frau S. bricht ab aus Gründen, auf die Frau Z. keinen Einfluss hat. Nach Aussage von Frau Z. geht es ihr immer besser, wenn die Therapie ausfällt. Irgendwann habe sie begriffen, dass alles nicht stimmt. Später sagt sie als Zeugin von Gericht aus, dass Ganze sei ihr von ihrer Therapeutin eingeredet worden.

Einige Zeit nach der Geburt fällt die endgültige Gerichtentscheidung über das Sorgerecht von Frau Z. für ihre Tochter. Die zwei psychologischen Gutachterinnen, die das Gericht beauftragt hat, beziehen sich ganz auf Angaben von Frau S. Das Gericht folgt deren Bedenken und entzieht Frau Z. das Sorgerecht für ihre Tochter, die in eine Pflegefamilie kommt.

Seitdem kämpft Frau W. vor dem Oberlandesgericht um das Sorgerecht für ihre Tochter. Ob inzwischen eine Entscheidung gefallen ist, ist dem Autor nicht bekannt. Eine Beschwerde über Frau S. bei der Psychotherapeutenkammer ist bereits mit der Feststellung eines Berufsvergehens entschieden.

Das Besondere an diesem Fall ist einerseits der Zusammenhang mit der Rituelle Gewalt/Mind Control-Theorie und rein fiktiven, weitgehend als unmöglich anzusehenden Konzepten, die Frau Z. in ihrer Psychotherapie als Grund ihrer Probleme genannt werden und an die sie sich „erinnern" soll. Andererseits sieht man hier den Einfluss von Jugendamt und Familiengerichten, die einschneidende persönliche Entscheidungen treffen, indem sie sich blind auf die Aussagen von Experten verlassen, dabei aber übersehen, dass die formal unterschiedlichen Meinungen, die eingeholt wurden, letzlich alle aus einer einzigen Quelle, in diesem Fall von Frau S. stammen und daher keineswegs unabhängig sind.

Was allen vier Fallberichten gemeinsam ist

Die folgenden Punkte stimmen bei allen vier Fallberichten überein:

- Es fand eine Psychotherapie statt. Die Gründe, eine solche aufzunehmen, hatten meist nichts mit sexuellem Missbrauch zu tun.
- Ein sexueller Missbrauch in der Kindheit war den Therapierten vor Beginn der Psychotherapie nicht bekannt. Im letzten Fall gab es allerdings Ansätze dazu und ein Sexualdelikt im frühen Erwachsenenalter, doch diese Vorfälle hatten nichts mit den in der Therapie „aufgedeckten" Erinnerungen zu tun.
- In allen vier Fällen waren die Therapeutinnen davon überzeugt, dass ihre Patientinnen missbraucht worden waren, ohne dass es dazu belastbare Hinweise gab.
- Ausgenommen den ersten Fall, in dem über die eigentliche Therapie nichts beschrieben ist, gab es in den Therapien suggestive Beeinflussung, teils massiv, mit dem Ziel, eine der Patientin nicht zugängliche Erinnerung an den von der Therapeutin vermuteten sexuellen Missbrauch ins Gedächtnis zu bringen.

Wir werden später in dem Abschnitt *Trauma-Erinnerungstherapien* sehen, dass diese Gemeinsamkeiten der Kern derartiger Therapien sind. Untypisch ist bei den Fällen zwei bis vier, dass die Patientinnen diesen Therapien entkommen konnten. Das ist eher selten, aber auch der Grund dafür, dass wir diese Fälle kennen und davon berichten können. Die zerstörerischen Folgen dieser Therapien haben die Patientinnen trotzdem nicht vermeiden können.

Fakten zu
sexuellem Missbrauch

Da das Thema dieses Buchs falsche Erinnerungen an sexuellen Missbrauch lautet, ist es notwendig, zu Anfang einige grundlegende Fakten zu sexuellem Missbrauch zu behandeln.

Was ist sexueller Missbrauch?

Jedermann glaubt zu wissen, was sexueller Missbrauch ist. Aber es ist nicht ganz so einfach. Ein offizieller Vertreter eines Dachverbandes der öffentlichen Wohlfahrtspflege, der es eigentlich wissen sollte, sagte dem Autor in einem Gespräch: „Sexuellen Missbrauch ohne Gewalt gibt es nicht, das ist doch Gewalt per se!" Wie falsch er lag, werden Sie im Folgenden erkennen.

Dass tatsächlicher sexueller Missbrauch von den Betroffenen zum Zeitpunkt des Erlebens zu großem Teil gar nicht als traumatisch erlebt wird, hat Clancy in ihrem Buch *The Trauma Myth* gezeigt.[9] Clancy ging es nicht darum, Missbrauch zu verharmlosen, im Gegenteil. Es ging ihr aber darum, die schlimmen psychischen Folgen auf die wirklichen Ursachen zurückzuführen, und diese sind in vielen Fällen keineswegs kindliche Traumata, sondern die erst mit dem Aufbau des eigenen sexuellen Verständnisses eintretende Enttäuschung darüber, von Vertrauenspersonen zu sexueller Befriedigung ausgenutzt und verraten worden zu sein.

Die Feststellungen von Clancy waren auch gar nicht neu. Bereits eine umfangreiche Studie von Rind/Tromowitch/Bauserman[10] war zu ähnlichen Resultaten gekommen, doch sie wurde vom amerikanischen Kongress (!) einhellig als Junk-Science gebrandmarkt (Eine beispiellose Einmischung der Politik in wissenschaftliche Vorgänge, von denen die Politik absolut nichts verstand! Kein Kongressabgeordneter hatte die Arbeit gelesen.). Beide Veröffentlichungen, obwohl wissenschaftlich nicht zu beanstanden, erregten große öffentliche Empörung, weil sie „nicht politisch korrekt" – mit anderen Worten, unerwünscht – waren.

Auch heute, 15 Jahre nach dem Buch von Clancy und 25 Jahre nach der Arbeit von Rind et al. hat sich das nicht geändert, wie man der oben zitierten Äußerung erkennt. Dem Autor liegt kaum etwas so fern wie eine Verharmlosung sexuellen Missbrauchs. Doch was sexueller Missbrauch wirklich ist und was er bewirkt, wurde damals und wird auch heute in der Öffentlichkeit weitgehend verkannt, denn die Kenntnis dieser Tatsachen ist auch heute politisch unerwünscht. Für breite Kreise der Traumatherapie würde sie sich geschäftsschädigend auswirken.

Zurück zu dem obengenannten Zitat eines Mannes, der eigentlich hätte wissen müssen, was sexueller Missbrauch ist: Gewalt und sexueller Missbrauch sind juristische Begriffe. Wir müssen uns also mit juristischen Fragen befassen.

Juristische Definitionen

Kurz zur Frage der Gewalt: Das Gesetz versteht darunter eindeutig physische Einwirkungen. Schmeicheleien oder andere häufige Methoden, das Vertrauen der Missbrauchten zu gewinnen, gehören nicht dazu.[11]
Was aber ist sexueller Missbrauch? Jetzt wird es kompliziert. Wer glaubt, man könne die Frage mit wenigen Worten beantworten, der irrt. Die Gesetzgebung macht es sich damit auch nicht so einfach. Sie definiert, dass darunter **sexuelle Handlungen** mit Personen zu verstehen sind, die entweder **minderjährig** sind oder aber erwachsen und gleichzeitig **widerstandsunfähig**, beispielsweise aufgrund von Krankheit, Behinderung oder ähnlichem. Weiter geht es darum, dass man

a) entweder sexuelle Handlung an solchen Personen vornimmt oder
b) von solchen Personen an sich vornehmen lässt.

Zwei Gesichtspunkte liegen den juristischen Definitionen zugrunde: Der erste betrifft die mehr oder weniger schutzbedürftigen Personengruppen der Missbrauchten, der zweite die Art der sexuellen Handlungen.

So unterscheidet das Gesetz Missbrauch von Schutzbefohlenen, von Gefangenen oder behördlich Verwahrten, unter Ausnutzung eines Beratungs-, Behandlungs- oder Betreuungsverhältnisses, von Kindern und von widerstandsunfähigen Personen. Das sind einigermaßen klar verständliche und erkennbare Personengruppen. Im Zusammenhang dieses Buchs spielt davon fast ausschließlich der Missbrauch von Kindern eine Rolle, bei dem das Gesetz noch zusätzliche Unterscheidungen nach dem Schweregrad trifft.

Schon die Definition a) muss keineswegs mit Gewalt verbunden sein, denn viele sexuelle Handlungen sind entweder von Haus aus gewaltlos oder können mindestens gewaltlos sein. Die Definition b) kann aber überhaupt nicht mit Gewalt ausgeübt werden. Der Begriff der Gewalt kommt in diesen Definitionen auch gar nicht vor. An dieser Stelle irrt auch der Unabhängige Beauftragte der Bundesregierung für Fragen des sexuellen Missbrauchs (UBSKM). Er definiert als sexuellen Missbrauch: „Jede sexuelle Handlung, die an Mädchen und Jungen gegen ihren Willen vorgenommen wird oder der sie aufgrund körperlicher, seelischer, geistiger oder sprachlicher Unterlegenheit nicht wissentlich zustimmen können." Nein, es kommt nicht darauf an, ob eine sexuelle Handlung mit oder gegen den Willen der missbrauchten Person stattfindet, sondern nur darauf, dass sie stattfindet. Die Frage der Zustimmung oder Gewalt kommt bei einer Verurteilung vor allem im Strafmaß zum Ausdruck.

Das große Spektrum sexueller Handlungen

Was ist nun eine sexuelle Handlung? Jetzt wird es schwierig. Zwar gibt es eine Reihe von Handlungsweisen, an die man zuerst denkt und bei denen der sexuelle Charakter völlig außer Frage steht: Vollendeter Geschlechtsverkehr, aber auch jeder Vorgang sexueller Befriedigung durch andere, wie Oralsex, Analsex, manuelle Befriedigung. Doch das ist nur die gröbste Ebene.

Die nächstfeinere Ebene ist die Berührung sexuell empfindlicher Körperteile. Das sind zunächst die primären und sekundären Geschlechtsorgane. Auch wenn ein Kind das vielleicht als angenehm empfindet oder womöglich selbst darum bittet – denn das gibt es auch und ist dem Autor aus konkreten Fällen bekannt –, es ist trotzdem sexueller Missbrauch. Auch Küsse, insbesondere Zungenküsse sind sexuelle Handlungen.

Schon bei diesen Handlungen wird die Abgrenzung schwierig. So ist ein Busengrapschen zweifellos als sexuelle Handlung zu werten, doch es kann auch ein zufälliges und ungewolltes Anstoßen an den Busen einer Frau geben, das von dieser aber als absichtliche sexuelle Handlung gewertet wird. Und wie ist das mit den Küsschen, die Eltern ihren Kindern geben? Wann sind die harmlos?

Die nächste Ebene ist ein bloßes Zeigen der Sexualorgane ohne jede Berührung. Natürlich gibt es Menschen, die aus einem derartigen Exhibitionismus eine sexuelle Befriedigung ziehen, und vor hundert

Jahren wäre jede derartige Handlung eindeutig in dieser Richtung interpretiert worden. Heute aber sind nackte Busen und auch völlig Nackte an fast jedem Badestrand zu sehen, ganz abgesehen von der eigentlichen Nudistenszene. Müsste man jetzt alle Nackten, die sich nicht sofort verhüllen, wenn Kinder zugegen sind, des Missbrauchs beschuldigen? Und doch erleben wir häufig Beschuldigungen, in den z. B. Väter des Missbrauchs beschuldigt werden, weil die minderjährigen Kinder sie einmal in der Wohnung nackt gesehen haben. Die gleiche Handlung – einmal harmlos, ein andermal strafbar? Vielleicht würden Juristen hier nach der Absicht der sexuellen Befriedigung suchen, aber wie nachweisen? Die Situation ist ambivalent. Der Autor kann sich deshalb auch der Definition eines ausgewiesenen Fachmanns für Sexualrecht nicht anschließen, der schreibt: „Eine Handlung ist immer dann als sexuell zu bewerten, wenn sie nach dem äußeren Erscheinungsbild eine Beziehung zum Geschlechtlichen aufweist."[12] Diese Definition ist nicht geeignet, um in den beschriebenen Situationen Eindeutigkeit zu erreichen.

Den Höhepunkt in dieser Suche nach den feinsten Formen sexueller Handlungen ist der rein gedankliche Missbrauch. Und es gibt durchaus diejenigen, die ihn allen Ernstes als Missbrauchshandlung werten. Dem Autor liegt ein Fall vor, bei dem die Beschuldigung eines rein gedanklichen Missbrauchs eine Familie gespalten hat.

Wie wir sehen, kann die Entscheidung, ob eine Handlung als sexuell im Sinne des Gesetzes anzusehen ist oder nicht, sehr schwierig werden. Doch die Entscheidung zwischen *Missbrauch* oder *kein Missbrauch* lautet ja oder nein, es gibt nichts dazwischen. Graduell kann nur das Strafmaß abgestuft sein.

Das sind schwierige Fragen, aber sie sind unvermeidlich, wenn man Missbrauchstäter sorgfältig von harmlosen Mitmenschen unterscheiden möchte. Jede ideologisch fixierte Festlegung zu ambivalenten Vorgängen macht eine sorgfältige Abwägung unmöglich.

Gesellschaftliche und kulturelle Fragen

Wir leben in Deutschland, Westeuropa, Teil der sogenannten westlichen Welt und Zivilisation. Wir haben unsere Gesetzgebung, die festlegt, was sexueller Missbrauch ist und was nicht. Wir sollten uns aber im Klaren darüber sein, dass diese Festlegungen kulturell bedingt sind, im Gegensatz zu naturbedingt. Wenn die Natur ein Lebewesen zur Geschlechtsreife kommen lässt, bedeutet das, dass ab diesem Zeitpunkt ein Geschlechtsverkehr von der Natur vorgesehen ist. In unserer Kultur aber kommt die Geschlechtsreife lange vor dem Alter, an dem die Minderjährigkeit und damit gesetzlich festgelegte Schutzbedürftigkeit endet. Es gibt bei der Gattung homo sapiens aber auch Kulturen, bei denen das ganz wesentlich anders ist. Bei denen zum Beispiel Kinderheirat etwas ganz Normales ist.

Natürlich sind unsere kulturellen Festlegungen nicht ohne Grund so, wie sie sind. Sie sind auch in großer Breite gesellschaftlich akzeptiert. Sie sind aber nicht in Stein gemeißelt, sprich, nicht von Natur aus so festgelegt. Gerade angesichts der Ambivalenz feinerer Formen sexueller Handlungen sollte uns bewusst sein, dass sich auch die Sexualethik in unserer Kultur ändern kann. Wir sehen das heute am einvernehmlichen Sex zwischen Jugendlichen, der formal durchaus sexueller Missbrauch ist, aber von niemandem mehr ernstgenommen wird. Wir haben das in jüngerer Zeit und speziell auf dem Gebiet der sexuellen Handlungen erlebt, war doch Homosexualität noch vor nicht so langer Zeit ein schweres Delikt oder bestenfalls eine diagnostizierbare Krankheit (Diagnose nach DSM II!), während sich heute die sexuelle Diversität in Regenbogenfarben auf den Straßen feiert. Hingegen wurde bei Kindesmissbrauch lange Zeit „weggesehen".

Wie häufig ist sexueller Missbrauch?

In den 50-er Jahren galt sexueller Missbrauch als ein ziemlich seltenes Phänomen, das vor allem mit dem bösen Onkel mit der Bonbontüte in Verbindung gebracht wurde. Doch heute wissen wir: Die Täter gehören meist der Familie oder dem Freundeskreis der Opfer an.

Die wirkliche Häufigkeit ist international erstaunlich schwer in Erfahrung zu bringen. Die riesige Statistik in den USA erfasst nur gemeldete Fälle ohne Dunkelziffer (Childrens Bureau). In England gibt es zwar eine repräsentative Befragung, die aber auch einvernehmlichen Sex unter Jugendlichen enthält (Lorraine Radford et. al.). In Deutschland gibt es seit 2011 eine gute Repräsentativbefragung, an der über 12000 Personen zwischen 15 und 40 Jahren teilgenommen haben (Stadler/Bieneck/Pfeiffer).[13] Sie kommt zu dem Ergebnis, dass 10 % der Frauen und 2 % der Männer, demnach 6 % der Gesamtbevölkerung, sexuellen Missbrauch in der Kindheit und Jugend erlebt haben. Hochgerechnet auf die Gesamtbevölkerung in Deutschland bedeutet das ca. 5 Millionen Fälle, eine riesige Zahl! Genau genommen müssen die Zahlen noch höher angesetzt werden, denn die Missbrauchsopfer haben ja keine Altersgrenze bei 40 Jahren.

Doch Vorsicht! Alle berichteten Missbrauchsfälle in der eben genannten Studie beruhen auf den Berichten der Missbrauchten. Und alle von den 12000 Personen, die falsche Erinnerungen an sexuellen Missbrauch hatten, werden selbstverständlich ebenfalls ihre Pseudoerlebnisse berichtet haben, weil sie von einem erlebten Missbrauch fest überzeugt sind. Das bedeutet, dass in der genannten Studie die Fälle falscher Erinnerungen enthalten sind.

Wie häufig sind falsche Erinnerungen an sexuellen Missbrauch?

Ausgehend von bekannt gewordenen Fällen in den USA und anderen Ländern wurde lange Zeit angenommen, dass die Zahlen falscher Erinnerungen sehr gering im Vergleich zu den Fällen realen Missbrauchs sind. Dann wäre der Anteil falscher Erinnerungen in der oben genannten Studie vernachlässigbar. Doch zwei neuere Studien, eine von Patihis und Pendergrast[14] aus den USA und eine ähnliche von Dodier, Patihis und Payoux[15] aus Frankreich lassen hier große Zweifel aufkommen.

In beiden Studien wurde einem repräsentativen Kollektiv von 2300 bzw. 1300 Studienteilnehmern die Frage gestellt, ob sie an einer Psychotherapie teilgenommen hatten und ob sie in ihrer Therapie zu Erinnerungen an einen sexuellen Missbrauch in der Kindheit gekommen waren, der ihnen vorher nicht bekannt gewesen war. Das wurde in den USA von 9 % der Therapierten bejaht, in Frankreich von 6 %. Umgerechnet auf die Gesamtbevölkerung sind das in den USA ca. neun Millionen, in Frankreich mehr als eine Million Personen. Da sexueller Missbrauch selten einfach vergessen wird, muss man davon ausgehen, dass diese vielen Personen zum größten Teil in ihren Therapien zu falschen Erinnerungen an sexuellen Missbrauch gekommen waren.

Leider liegt eine entsprechende Studie für Deutschland noch nicht vor. Doch wenn man in Deutschland von ähnlichen Sozialstrukturen ausgehen kann – und das ist eine vernünftige Annahme – dann würde das auch in Deutschland mehr als eine Million in Psychotherapien entstandener Fälle von falschen Erinnerungen an sexuellen Missbrauch bedeuten. Somit ist davon auszugehen, dass von den gesamten für Deutschland ermittelten Missbrauchsfällen mindestens 20 % auf falschen Erinnerungen beruhen. Das passt zu den Erfahrungen mancher Kriminologen, die davon ausgehen, dass ein erheblicher Teil angeblicher Missbrauchsfälle auf Falschbeschuldigungen zurückzuführen ist. Einzelheiten zu diesen Studien unter *Repräsentativstudien zu sexuellem Missbrauch*.

Das Gedächtnis und seine (Un)Zuverlässigkeit

Ergebnisse der psychologischen Gedächtnisforschung

Die Erforschung des Gedächtnisses steht historisch ganz am Anfang der naturwissenschaftlichen Psychologie. Im Jahre 1885 kam Hermann Ebbinghaus auf die Idee, die Funktionen von Gedächtnis und Erinnerung in Experimenten zu untersuchen. Seitdem hat die Erforschung dieser für unser Leben und Erleben grundlegenden Fähigkeiten nicht nachgelassen. Man weiß heute sehr detailliert, welche Teile des Gehirns dabei welche Aufgaben übernehmen. Doch je mehr man darüber weiß, desto mehr Rätsel bleiben auch. Für die Zwecke dieses Buchs, zu dessen wesentlichen Inhalten falsche Erinnerungen und Verfälschungen des Gedächtnisses gehören, genügt es aber, die wissenschaftlich gut gesicherten Grundlagen zu kennen.

Die Grundfunktionen des Gedächtnisses

Ein großer Teil unserer Gedächtnisinhalte wird über unsere Sinne aufgenommen. Unsere Sinne, Augen, Ohren, Geruch, Geschmack, Tasten und auch autosensorische Meldungen aus unserem Körper, liefern ununterbrochen 24 Stunden am Tag einen gigantischen Strom an Informationen. Davon wird der weitaus größte Teil von uns nicht bewusst wahrgenommen. Den einzelnen Sinnen sind sehr kurzzeitige **sensorische Gedächtnisse** zugeordnet, die die Sinnesinformationen nur für Sekunden oder Sekundenbruchteile festhalten. Die Sinnesinformationen müssen so lange abrufbar sein, wie ererbte und/oder erlernte Auswahlmechanismen brauchen, um zu bestimmen, was im Augenblick davon zu einer weiteren Verarbeitung weitergeleitet werden soll. Was in dieser kurzen Zeit nicht ausgewählt wird, ist verloren. Was ausgewählt wird, wird an das Kurzzeitgedächtnis weitergeleitet.

Auch das **Kurzzeitgedächtnis** arbeitet nur in einem Zeitrahmen von einigen Sekunden bis zu einigen zig Sekunden und hat nur eine sehr begrenzte Speicherkapazität. Bereits Ebbinghaus fand heraus, dass es nur sieben unabhängige Informationscluster (z. B. Silben oder Worte) aufnehmen kann. Doch das Kurzzeitgedächtnis ist gleichzeitig das **Arbeitsgedächtnis**, denn hier werden die unterschiedlichsten Informationen miteinander verknüpft, die nicht nur von den Sinnen stammen oder somatosensorisch sind, sondern auch aus dem Gedächtnis abgerufen sein können.

Alles, was im Kurzzeitgedächtnis erscheint und verknüpft wird, kann dem **Langzeitgedächtnis** zugeführt werden, wobei weitere Auswahlprozesse beteiligt sind, die beispielsweise die Wichtigkeit bewerten, wobei die Bewertungskriterien sowohl ererbt als auch erlernt sein können.

Wenn wir von Langzeitgedächtnis sprechen, so ist das nichts Statisches, vergleichbar dem Speichermedium eines Computers. Es handelt sich vielmehr um komplexe und sehr dynamische Prozesse. Zusammenhängende Sinnkomplexe, in denen z. B. optische, akustische und andere Informationen verknüpft sind, werden im Gehirn nicht einheitlich abgespeichert. Die Informationen werden aufgespalten in optische, akustische, taktile, semantische … Teile, die in unterschiedlichen Regionen der Großhirnrinde aufbewahrt werden. Erinnert man sich an diesen Komplex, so werden die verschiedenen Teile dieses Komplexes aus den jeweils zuständigen Spezialgedächtnissen abgerufen, der Zusammenhang wird rekonstruiert und im Arbeitsgedächtnis gesammelt. Dort können sie wieder mit neuen Inhalten verknüpft werden.

Für die Entstehung falscher Erinnerungen ist von fundamentaler Bedeutung, dass alles, was im Arbeitsgedächtnis zusammenkommt und verknüpft wird, wieder für eine Langzeitspeicherung zur Verfügung steht. Eine abgerufene Erinnerung kann in einen neuen Zusammenhang gesetzt und auf diese Weise modifiziert werden. Jeder Abruf einer Erinnerung macht sie anfällig für Veränderungen. Dabei können nicht nur neue Teile hinzukommen, es können auch Teile entfallen.

Einflüsse auf die Qualität der Langzeitspeicherung

Das, was wir in der Umgangssprache als Kurzzeitgedächtnis bezeichnen, ist in Wirklichkeit ein nicht gut gefestigtes Langzeitgedächtnis, und wir denken dabei an einen Zeitraum von Stunden bis zu wenigen Tagen. Das hat mit dem vorher erläuterten Kurzzeitgedächtnis mit einem Zeitrahmen von einigen Sekunden nichts zu tun. Wenn wir in der Umgangssprache von Gedächtnis schlechthin sprechen, ist damit immer das Langzeitgedächtnis gemeint.

Wie dauerhaft und stabil unsere Erinnerung an Erlebnisse ist, hängt von vielen Faktoren ab. Dazu ein Beispiel: Wenn uns ein Geschäftspartner seine Telefonnummer sagt, zücken wir unser Notizbuch (oder heute unser Mobiltelefon) und notieren die Nummer, weil wir sie sonst vergessen. Wenn mir in jüngeren Jahren eine attraktive junge Dame, die ich gerne näher kennenlernen wollte, ihre Telefonnummer verraten hat, konnte es sein, dass sich mir die Nummer auf Anhieb gut und fest eingeprägt hat, ohne dass ich sie notieren musste.

Solche Dinge sind uns aus dem täglichen Leben weitgehend bekannt und unsere Alltagserfahrung zeigt im Wesentlichen das Gleiche, was auch statistische Auswertungen wissenschaftlicher Versuche ergeben. Hier einmal die wichtigsten Einflüsse, die bestimmen, was wir gut, vielleicht ein Leben lang behalten, und was wir mehr oder weniger schnell vergessen.

- Was wir nach der Aufnahme ins Langzeitgedächtnis mehrmals wieder abrufen (rekapitulieren, konsolidieren) ist länger und sicherer gespeichert.
- Was wir in einen vorhandenen Sinnzusammenhang einordnen können, bleibt sehr viel leichter und fester im Gedächtnis als etwas, das uns völlig neu und zusammenhanglos erscheint.
- Was mit positiven Emotionen verbunden ist, wird leichter erinnert als neutrale Inhalte (wie die erwähnte Telefonnummer).
- Auch negative Emotionen verstärken das Gedächtnis. Das gilt insbesondere bei sehr stark negativen Emotionen, z. B. an traumatische Erfahrungen. Das kann so weit gehen, dass uns diese Erinnerungen ständig und ungewollt verfolgen.
- Ein jugendliches Gedächtnis kann nach viel kürzerer Zeit Daten und Fakten sicher behalten als das Gedächtnis der gleichen Person im mittleren Lebensalter oder gar in hohem Alter. So werden Fremdsprachen von Kindern und Jugendlichen in kurzer Zeit und spielend erlernt, im mittleren Alter geht das deutlich langsamer und ist doch rasch vergessen, wenn die betreffende Sprache nicht mehr benutzt wird.

Diese kleine Auswahl von Einflüssen auf die Gedächtnisleistung wird von der statistischen Psychologie bestätigt und auch quantitativ erfasst. So wissen die Wissenschaftler z. B., wie oft und in welchen Zeitabständen eine Erinnerung rekapituliert werden sollte, um optimal gefestigt zu sein.

Vergessen

Es gibt Forscher, die den Vorgang des Vergessens als eine der wichtigsten Leistungen des Gedächtnisses ansehen, und das mit gutem Grund. Wären wir nicht in der Lage, Unwichtiges zu vergessen, so würde unser Gehirn mit Informationen überschwemmt, die für unser Leben und auch für unser Überleben (im Sinne der Evolution) irrelevant sind. Vergessen kann einfach ein Zerfall der Speicherung sein. Daneben gibt es noch einen weiteren Mechanismus, der Erinnerungen unzugänglich machen kann: Der „Schlüssel" zum Abruf kann verlorengehen. Beispielsweise kann es sein, dass wir uns nicht erinnern, wer der Herr XYZ war, der zu der Gruppe gehörte, mit der wir vor einer Woche zusammen waren. Sehen wir aber ein Foto der Gruppe, so ist uns plötzlich völlig klar, wer es war und was er zum Gespräch beigetragen hat. Die Erinnerung als solche war demnach vorhanden, es fehlte aber der Schlüssel, oder – um die Computeranalogie zu verwenden – die Adresse für die Erinnerung. Vergessen darf nicht verwechselt werden mit dem Begriff der Verdrängung, der gerade beim Thema „wiedergewonnener" Missbrauchserinnerungen eine große Rolle spielt.

Amnesien

Beschädigungen des Gehirns können die Leistung des Gedächtnisses einschränken bis hin zur völligen

Unfähigkeit der Erinnerung. Die Wissenschaft spricht dabei von Amnesie. Amnesien können sich auf Teilbereiche des Gedächtnisses und der Erinnerungsfähigkeit erstrecken. Je nach den beschädigten Gehirnregionen kann es unmöglich sein, neue Inhalte ins Gedächtnis aufzunehmen, während vorhandene Inhalte nach wie vor abgerufen werden können (anterograde Amnesie). Es gibt aber auch den umgekehrten Fall, in dem jede Erinnerung an die Vergangenheit ausgelöscht ist, während neue Inhalte ohne Weiteres aufgenommen werden (retrograde Amnesie).

Eine Form von retrograder Amnesie wird jedoch im Leben aller Menschen beobachtet, nämlich die sogenannte infantile Amnesie. In der Kleinkindphase, meist etwa in den ersten drei Lebensjahren, sind die Gehirnzentren, die für den Aufbau stabiler Langzeiterinnerungen notwendig sind, noch nicht vollständig entwickelt. Infolgedessen können sich Menschen nur sehr selten an Ereignisse vor dem Erreichen des vierten Lebensjahrs erinnern, und auch aus dem vierten Lebensjahr sind die Erinnerungen noch sehr spärlich.

Diese Tatsache spielt in Fällen falscher Erinnerungen eine Rolle, denn es gibt immer wieder Therapeuten, die überzeugt sind, sie könnten bei ihren Patienten Erinnerungen an Ereignisse aus diesen ersten Lebensjahren „wiedergewinnen". Dabei handelt es sich aber regelmäßig um falsche Erinnerungen.

Eine umstrittene Frage ist, ob es auch durch erlittene psychische Traumata zu Amnesien kommen kann. Traumatherapeuten interpretieren ihre Erfahrungen mit Patienten vielfach dahingehend. Es gibt aber verhältnismäßig wenige Fälle, bei denen derartige psychogene Amnesien objektiv nachgewiesen sind. Die empirischen Gedächtnisforscher gehen davon aus, dass psychogene Amnesien zu den seltenen Phänomenen gehören.[16] Zwar ist wissenschaftlich gesichert, dass Traumata zu einer Ausschüttung des Hormons Cortisol führen, welches in geringeren Konzentrationen die Bildung stabiler Langzeiterinnerungen fördert, bei höheren Konzentrationen diese infolge schwerer und wiederholter Traumata aber behindert.[17] Doch das ist ein Prozess, der Zeit benötigt und daher die Anfangserinnerung an die traumatische Situation nicht verhindern kann und vollständige Amnesien nicht erklärt.

Implizites Gedächtnis

Alles, was bis hier zum Gedächtnis geschrieben wurde, bezieht sich auf das, was uns als Gedächtnis bewusst ist und deshalb sprachlich ausgedrückt werden kann, daher auch die Bezeichnung als deklaratorisches Gedächtnis. Das Gedächtnis enthält aber in Wirklichkeit noch weitaus mehr. Nehmen wir zum Beispiel die Bewegungsabläufe beim Gehen. Dabei werden viele einzelne Muskeln in einer minutiös abgestimmten zeitlichen Abfolge kontrahiert oder entspannt. Die Befehle dazu werden über die Nerven an die Muskeln übermittelt. Die nervlichen Impulse kommen aus dem Gehirn, und zwar zu großem Teil aus dem Kleinhirn, einem entwicklungsgeschichtlich sehr alten Teil unseres Gehirns. Die genaue Abfolge ist dort gespeichert, aber sie ist uns nicht bewusst. Indem wir gehen, rufen wir diese Art von Erinnerungen ab. Wir sprechen dabei vom impliziten Gedächtnis. Sämtliche Bewegungen, die gesamte Körperbeherrschung entspringt dem impliziten Gedächtnis. Der größte Teil davon ist schon in früher Kindheit dort aufgebaut worden, aber die Speicherung im impliziten Gedächtnis geht über das gesamte Leben weiter. Nehmen Sie einen Klaviervirtuosen oder einen Akrobaten: Sie verfügen über ein spezialisiertes Bewegungsrepertoire, das der normale Mensch nicht hat. Es wird durch intensives Trainieren aufgebaut, bei dem ursprünglich bewusste Bewegungsabläufe langsam in das unbewusste implizite Gedächtnis verschoben werden. Diese Fähigkeiten bleiben auch nur durch ständiges Üben erhalten; das muss lebenslang weiterbetrieben werden. Wie rasch das implizite Gedächtnis auch bei Erwachsenen sich neuen Erfordernissen anpasst, kann man erkennen, wenn beispielsweise beim Gehen Schmerzen auftreten. In wenigen Stunden erlernt das implizite Gedächtnis eine Schonhaltung, die automatisch angenommen wird, um diese Schmerzen zu verringern.

Für uns ist eine Eigenschaft des impliziten Gedächtnisses wichtig zu wissen: Nichts aus dem impliziten Gedächtnis lässt sich sprachlich ausdrücken oder in Worte fassen. Daher können aus dem impliziten Gedächtnis auch keine gedanklich fassbaren Erinnerungen abgerufen werden.

Emotionale Erinnerungen

Unsere Überlegungen zu Gedächtnis und Erinnerungen sind noch in einem wichtigen Punkt unvollständig. Wir haben bisher davon gesprochen, dass das Gedächtnis Informationen verarbeitet, die man sprachlich beschreiben kann. Dazu gehört beispielsweise, dass wir in der Schule Angst vor diesem schrecklichen Lehrer Müllermeier gehabt haben. Zu wissen, dass wir Herrn Müllermeier als Lehrer hatten, ist aber etwas ganz anderes, als das Angstgefühl, das uns noch heute beschleicht, wenn wir uns vorstellen, wie wir vor seinen Schulstunden gezittert haben. Wenn aber die Erinnerung an längst vergangene Situationen noch heute Gefühle in uns auslöst, dann gehören diese offenbar auch zu dem, was als Erinnerung abgespeichert wurde und abgerufen werden kann.

Die Frage, was Gefühle sind, hat Forscher schon seit frühen Zeiten der wissenschaftlichen Psychologie beschäftigt. Die heutige Auffassung dazu wurde sehr stark von den Forschungen von Joseph Ledoux geprägt.[18] Danach sind Emotionen sehr rasche körperliche Reaktionen auf bestimmte erlernte oder ererbte Reize. Die Schnelligkeit ist von lebenswichtiger Bedeutung, wenn wir uns in Gefahrensituationen befinden. Diesen schnellen Weg vom Reiz zur körperlichen Reaktion findet man bei allen Säugetieren und wahrscheinlich auch schon bei einfacher organisierten Lebewesen. Aus diesem Grunde haben Tierversuche sehr viel zur heutigen Kenntnis beigetragen.

Die Speicherung der erlernten Vorgänge, z. B. Erstarren oder Flucht bei Gefahr, geschieht völlig unbewusst und wird im impliziten Gedächtnis abgelegt. Doch wenn ein spezifischer Reiz eine im impliziten Gedächtnis gespeicherte Körperreaktion abruft, wird bei höher organisierten Tieren und natürlich auch beim Menschen parallel dazu der Reiz bewusst wahrgenommen, und es kann eine bewusste Reaktion folgen. Hat beispielsweise der erste Anblick einer Schlange in uns momentan eine Erstarrung hervorgerufen, so kann als bewusste Reaktion das nächste Verhalten geplant werden, z. B. die Schlange mit einem Stock zu erschlagen. Doch diese Reaktion verlangt vom Gehirn etwas mehr Zeit.

Und nun zurück zur Erinnerung: Der wahrgenommene Reiz kommt ins Arbeitsgedächtnis und wird dort mit anderen Informationen verknüpft. Zu diesen anderen Informationen gehören auch Rückmeldungen, die uns unser Körper gibt. Das können z. B. Körpergefühle sein, die mit den körperlichen Reaktionen zusammenhängen, welche auf dem „Kurzschlussweg" vom Reiz ausgelöst werden, und die der bewussten Verarbeitung zeitlich vorausgehen. Was davon als Erinnerung abgespeichert wird, ist eine emotionale Erinnerung.

Erinnerungen mit traumatischem Inhalt sind sehr emotional und werden deshalb besonders gut im Langzeitgedächtnis verankert. Jedenfalls sind sich alle Gedächtnisforscher darin einig, dass Erinnerungen an gefährliche oder gar existenziell bedrohliche Situationen zwar unter Umständen verzerrt, aber selten vergessen werden. Sie können sogar so dominant sein, dass sie sich dem betreffenden Individuum immer wieder ungefragt aufdrängen.[19] Die Forschungen dazu standen ursprünglich meist im Zusammenhang mit Kriegserlebnissen, in jüngerer Zeit stehen Sexualtraumata wie Vergewaltigung oder Missbrauch mehr im Vordergrund.

Erinnerungsverfälschung und falsche Erinnerungen

Die beiden Begriffe klingen ähnlich, aber Erinnerungsverfälschung und falsche Erinnerungen sind unterschiedliche Dinge. Beiden liegen die gleichen Mechanismen im Gedächtnis zugrunde. Bei Erinnerungsverfälschung werden Erinnerungen an tatsächliche Erlebnisse gegenüber ihrem Ursprung in Einzelheiten verändert. Bei falschen Erinnerungen, oft auch als Pseudoerinnerungen bezeichnet, gibt es überhaupt kein ursprüngliches Erlebnis.

Erinnerungsverfälschung als tägliches Phänomen

Dass Erinnerungen in Einzelheiten verändert werden, ist ein ganz alltägliches Phänomen. Beispiel: Herr A. erinnert sich aus seiner Jugend gut an eine schwierige winterliche Bergtour zusammen mit Herrn B. Er erzählt häufig davon, wie dieser dumme B.

ausgerechnet an einer recht ausgesetzten Stelle seinen Handschuh habe fallen lassen, der 20 m tiefer auf einem Felsvorsprung liegenblieb. Das habe sie gezwungen, sich dorthin abzuseilen, weil ein Weitergehen ohne Handschuhe bei der Kälte mit schweren Erfrierungen geendet hätte. Im Alter aber fallen Herrn A. seine Briefe von damals in die Hände, und erstaunt liest er, dass er selbst der Dumme gewesen war, der den Handschuh hatte fallen lassen.

Jeder kennt solche Verfälschungen aus seinem Leben, die oft dann auftauchen, wenn sich Geschwister an die gemeinsame Jugend erinnern und von damaligen Begebenheiten im Kern ähnliche, in Einzelheiten aber unterschiedliche, Erinnerungen haben.

Wie entstehen Erinnerungsverfälschungen?

Aus den oben beschriebenen Grundfunktionen des Arbeitsgedächtnisses und den Zusammenhängen von Rekonstruktion und erneuter Speicherung ergibt sich klar der wesentliche Mechanismus von Erinnerungsverfälschungen. Bei dem Abruf der Erinnerungen werden neue Informationen damit verknüpft und als ein Zusatz zusammen mit der Erinnerung gespeichert. Beim nächsten Abruf ist vielleicht nicht mehr klar, wie dieser Zusatz zustande gekommen ist, und jetzt wird er als Teil der ursprünglichen Erinnerung aufgefasst.

Bei dem obigen Beispiel mit dem Handschuh kann man sich das gut vorstellen: Herr A. erzählt von dieser aufregenden Bergtour, mag sich aber nicht gerne als der Dumme darstellen. Deshalb macht er – nur jetzt beim Erzählen – B. dazu. Es kommt ja gar nicht darauf an, es geht eigentlich um diese winterliche Besteigung eines Berges und die damit verbundenen Schwierigkeiten. Noch weiß er gut, was damals wirklich los war. Aber er rechnet nicht damit, dass seine Erzählung jetzt neu im Gedächtnis abgelegt wird. Wenn er nach einiger Zeit wieder einmal davon erzählt, ist für ihn plötzlich B. wirklich der Dumme gewesen. Und es passt ihm ja auch viel besser.

Besonders häufige Erinnerungsverfälschungen sind sogenannte Quellenverwechslungen. Wenn jemand Ereignisse aus seiner Kindheit erzählt bekommt, und vielleicht nicht nur einmal, dann wird er sie sich bildhaft vorstellen, und sie gewinnen Leben. Alles das macht den Zyklus von Rekonstruktion und Abspeichern einige Male durch, und eine der unwichtigsten Informationen dabei ist, woher die Kenntnis stammt. Diese unwichtige Information wird vergessen, und jetzt ist das Ganze zum eigenen Erleben geworden.

Eine hübsche Geschichte von Quellenverwechslung erzählt der berühmte Psychiater Oliver Sacks in seinem Buch *Der Strom des Bewusstseins*.[20] Im Londoner Garten seiner Eltern war im Zweiten Weltkrieg eine Brandbombe eingeschlagen und explodiert. Das aufregende Ereignis wurde in der Familie immer wieder erzählt. Sacks glaubte sich daran in allen Einzelheiten zu erinnern, bis er von seinem

Bruder erfuhr, dass er zu dieser Zeit im Internat und gar nicht in London gewesen war.

Künstliche Erzeugung falscher Erinnerungen

Die Frage, ob man auch Erinnerungen erzeugen kann, zu denen es überhaupt kein Ursprungserlebnis gegeben hat, beschäftigte die amerikanische Gedächtnisforscherin Elisabeth Loftus. Anlass dazu boten die in den 80-er und 90-er Jahren immer häufiger auftretenden Fälle, bei denen in Psychotherapien Erinnerungen an einen in der Kindheit erlittenen sexuellen Missbrauch „aufgedeckt" wurden, den es nachweislich nicht gegeben hatte. Ihr Versuch „Lost in the Mall" gehört zu den Klassikern der empirischen Psychologie.[21]

Für diesen Versuch rekrutierte sie 24 Probanden. Mit deren Erlaubnis nahm sie Kontakt zu deren Eltern auf und erfuhr für jeden der Probanden drei tatsächliche Ereignisse aus seiner Kindheit. Diese drei realen Erlebnisse ergänzte sie durch ein fiktives: Sie seien als kleine Kinder ihren Eltern in einem großen Einkaufszentrum verlorengegangen und wiedergefunden worden. Sie legte jedem der Probanden diese vier Ereignisse in Stichworten vor und bat sie, zu berichten, an welche Einzelheiten sie sich erinnerten. Sie erhielten Zeit, über diese Frage nachzudenken. Nach einiger Zeit hatten 6 der 24 Probanden sich auch an das fiktive Ereignis erinnert, teilweise mit Einzelheiten. Sie hatten also falsche Erinnerungen entwickelt.

Dieser Versuch ist seitdem mit Variationen vielfach reproduziert worden. Immer erinnerten sich zwischen 20 % und 60 % der Versuchsteilnehmer an fiktive Ereignisse. Besonders drastisch die Versuche von Shaw und Porter, in denen sie 60 % ihrer Probanden dazu brachten, sich an fiktive Ereignisse zu erinnern, bei denen sie angeblich wegen krimineller Dinge in Probleme mit der Polizei gekommen waren.[22]

Umstände, unter denen falsche Erinnerungen entstehen

Wenn man jemanden bittet, sich an ein fiktives Ereignis zu erinnern, so wird der Betreffende meistens dazu nicht in der Lage sein. Die genannten Versuche sind aber durchweg etwas raffinierter vorgegangen. Alle bedienten sich besonderer Methoden, das Vertrauen der Probanden zu erreichen. Oft nehmen die Forscher dazu, wie in dem ursprünglichen Versuch von Loftus, Kontakt mit Verwandten der Versuchsteilnehmer auf und legen ihnen neben dem fiktiven Ereignis mehrere andere vor, die der Betreffende tatsächlich erlebt hat. Das Vertrauen spielt eine entscheidende Rolle bei der Bereitschaft, eine Suggestion anzunehmen.

Ganz wichtig bei der experimentellen Erzeugung falscher Erinnerungen ist es, dass die Probanden

Zeit haben, über das ihnen Vorgelegte nachzudenken. Falsche Erinnerungen entstehen selten „auf Anhieb". Deshalb werden diese Versuche fast immer mit mehreren Sitzungen und einem zeitlichen Abstand dazwischen durchgeführt. In der Zwischenzeit beschäftigen sich die Probanden damit und versuchen, sich zu erinnern. Im Sinne der Gedächtnispsychologie bedeutet das: Sie rufen die ihnen vorgelegte Suggestion immer wieder ins Arbeitsgedächtnis, verknüpfen sie mit anderen Lebenserinnerungen, überlassen sich den autosuggestiven Prozessen, finden erste Ansatzpunkte und verfolgen diese.

Aus diesen Gründen sind Psychotherapien Situationen, in denen leicht falsche Erinnerungen entstehen, denn diese beiden Voraussetzungen – Vertrauen und Zeit zum Nachdenken – sind dabei in besonders guter Weise erfüllt.

Unterscheidung von falschen und echten Erinnerungen

Erinnerungen haben kein Echtheitslabel

Alle Gedächtniswissenschaftler sind sich darüber einig, dass der Inhalt einer Erinnerung als solcher keinen Schluss darüber zulässt, ob ein Erlebnis zugrunde liegt oder ob es eine falsche Erinnerung ist, es sei denn, es handelt sich um etwas, das sachlich ausgeschlossen werden kann. Alle Erinnerungen, ob sie nun erlebnisbasiert oder nur imaginiert sind, werden vom Gehirn in der gleichen Weise behandelt, gespeichert und abgerufen. Im Gehirn gibt es kein Merkmal, das nach falsch und echt unterscheidet. Solange keine faktischen Beweise oder ergänzende Informationen dazu vorliegen, ist eine Unterscheidung nicht möglich.

Das hat eine sehr wichtige Folge: Für jeden, der eine falsche Erinnerung hat, fühlt sich diese Erinnerung genauso an wie jede andere. Ihr Erlebnischarakter scheint diesen Personen genauso realistisch, wie bei allen anderen Lebenserinnerungen, und sie sind fest davon überzeugt, dass es dieses Ereignis gegeben hat. Bei falschen Erinnerungen an sexuellen Missbrauch hat das eine furchtbare Konsequenz: Diese Personen sind subjektiv, in ihrem Lebensgefühl, tatsächlich Missbrauchte, und deshalb kann es ihnen auch entsprechend schlecht gehen, ohne dass das vorgetäuscht ist. Wenn wir Lügen als das absichtliche Behaupten falscher Tatsachen verstehen, dann heißt das: Wer falsche Erinnerungen hat, lügt nicht, wenn er diese Erinnerungen als Erlebnis schildert!

Die Rolle der Aussagenpsychologie

Die Unterscheidung zwischen erlebnisbasierten Erinnerungen und Pseudoerinnerungen kann sehr wichtig sein. Wenn zum Beispiel eine Frau falsche Erinnerungen an einen sexuellen Missbrauch durch ihren Vater hat und ihn verklagt, dann gibt es für das Gericht nur einen Beweis, nämlich die Aussage des angeblichen Opfers. Dagegen steht dann die Behauptung des Vaters, dass es diesen Missbrauch nie gegeben hat. Behauptung gegen Behauptung ist die typische Situation in derartigen Fällen.[23] Kommt es zur Verhandlung im Strafprozess, dann hat der Richter die Aufgabe, zu entscheiden, wer die Wahrheit sagt. Diese Aufgabe kann ihm niemand abnehmen, aber er kann sich dabei unterstützen lassen. Dann kommt die Aussagenpsychologie ins Spiel.

Die Aussagepsychologie hat sehr gute Methoden entwickelt, um absichtliche Lügen festzustellen. Bei falschen Erinnerungen aber versagen diese Methoden, weil der oder die Betreffende, wie wir gerade gesehen haben, nicht lügt. Obwohl eine 100%ig sichere Unterscheidung zwischen falschen und erlebnisbasierten Erinnerungen grundsätzlich nicht möglich ist, hat man jedoch Kriterien entwickelt, die aufzeigen, dass Pseudoerinnerungen nicht ausgeschlossen werden können und die Entstehung falscher Erinnerungen mehr oder weniger wahrscheinlich machen.[24] Unter solchen Umständen kann die Aussage der Klägerin kaum mehr als Beweis gewertet werden. Mehr dazu unter *Aussagepsychologen*.

Aussagen von Kindern

Es hat in den letzten Jahrzehnten einige Fälle gegeben, die schon wegen ihrer scheinbaren Dimension große öffentliche Aufmerksamkeit erregt haben, die aber nur bedingt mit falschen Erinnerungen im Sinne dieses Buches zu tun haben. Ich meine damit Fälle, in denen teils abenteuerliche Missbrauchsbeschuldigungen aus den Aussagen befragter Kinder abgeleitet wurden.

Der früheste davon war der McMartin-Vorschulfall in den USA im Jahr 1983, bei dem die Mutter eines Vorschulkindes Auffälligkeiten beobachtet hatte, die sie auf sexuellen Missbrauch zurückführte.[25] Eine ganze Reihe ähnlicher Fälle in Kindergärten und Vorschulen der USA folgten, bei denen es angeblich viele missbrauchte Kinder, viele Beschuldigte und satanistische Sexringe gab. Die Beschuldigungen konnten nicht bewiesen werden, die aufwändigen Prozesse endeten mit Freisprüchen.

In Deutschland sind es vor allem zwei Fälle, die großes Aufsehen erregten: Der erste davon, der Montessori-Prozess aus Coesfeld bei Münster[26] nahm 1990 an einer irritierenden und später nicht mehr nachweisbaren Aussage eines Kindes seinen Anfang. Ein Kindergärtner wurde beschuldigt, mehr als 63 Kinder missbraucht zu haben. Dem folgte 1993 der Fall aus Worms, wo 25 Personen, zumeist Eltern der angeblich missbrauchten 16 Kinder beschuldigt wurden.[27] Hier war der Ausgangspunkt, dass im Zuge eines Sorgerechtstreits eine geschiedene Ehefrau plötzlich den Kindesvater des sexuellen Missbrauchs beschuldigte.

Sowohl in Münster als auch in Worms spielten die ermittelnden Beamten, Jugendämter und Mitarbeiter von Opferhilfsorganisationen (Zartbitter bzw. Wildwasser) eine unrühmliche Rolle. Vielfach wiederholte Befragungen von Kindern führten dazu, dass die Verfahren lawinenartig anwuchsen. Dabei waren die Ermittlungsmethoden mehr als fraglich. Das Spiel mit anatomisch korrekten Puppen, wissenschaftlich hoch umstritten[28], wurde dabei regelmäßig als Indiz für unangemessene sexuelle Erfahrungen von Kindern eingesetzt. Dabei wurde ignoriert, dass die kindliche Neugier in Bezug auf den bemerkenswerten Unterschied zwischen Buben und Mädchen nichts mit unangemessenen Sexualkontakten zu tun haben muss.

In allen Fällen wurden die Beklagten nach lang dauernden Prozessen freigesprochen. Die Prozessentscheidungen ergaben sich durch aussagepsychologische Gutachten, in denen die Aussageentstehung kritisch untersucht worden war. Danach blieb von den Aussagen immer wieder und oft unter psychologischem Druck befragter Kinder nicht viel Verwertbares übrig. Ob die Kinder tatsächlich falsche Erinnerungen unter Suggestion entwickelt haben oder ob sie nur ihren vielen Befragern nach dem Munde geredet haben, ist nicht immer klar und nachträglich auch nicht mehr feststellbar. Wahrscheinlich hat beides eine Rolle gespielt.

Von den teilweise horrenden, satanistischen Missbrauchsvorwürfen blieb nichts übrig. Doch die bleibenden Folgen sind furchtbar. Familien wurden irreparabel zerstört. Kinder wurden nicht durch Missbrauch, sondern durch die Trennung von ihren Eltern traumatisiert. In einigen besonders schlimmen Fällen wurden Kinder sogar in dem vom Jugendamt als angeblich sicheren Aufenthaltsort zugewiesenen Heim tatsächlich missbraucht.

Sicher ist jedenfalls, dass derartige Fälle, die es – wenn auch nicht in derartigem Umfang – vielfach gegeben hat und immer wieder gibt, einen völlig anderen Entstehungsverlauf haben als Fälle therapeutisch erzeugter Falscherinnerungen bei Erwachsenen. Sie werden hier aber nicht nur der Vollständigkeit halber erwähnt, sondern weil das gesellschaftliche Umfeld der Ideologisierung und der Vorverurteilung, welches die Trauma-Erinnerungstherapien überhaupt erst möglich macht, auch hier eine Schlüsselrolle spielt. Wir werden uns jedoch im weiteren Verlauf dieses Buches mit diesen Fällen nicht befassen.

Psychotherapien und ähnliche Beratungsangebote

Das Spektrum der Angebote

Psychotherapeuten und Ärzte mit entsprechender Ausbildung

Die Berufsbezeichnung Psychotherapeut ist in Deutschland reserviert für approbierte

- Ärzte mit einschlägiger Facharztausbildung oder Zusatzausbildung
- Psychologen mit abgeschlossenem Studium

Approbierte Psychotherapeuten haben demnach eine akademische Ausbildung. Sie können eine Kassenzulassung erhalten, und ihre Therapien werden unter speziellen Voraussetzungen von den Krankenkassen bezahlt. Ein wichtiger Unterschied zwischen ärztlichen und psychologischen Psychotherapeuten ist, dass nur Ärzte Psychopharmaka verschreiben dürfen.

Damit eine Psychotherapie von den gesetzlichen Krankenkassen finanziert wird, muss eine psychische Störung mit „Krankheitswert" vorliegen. Dazu ist eine Diagnose erforderlich, die von einem Psychotherapeuten erstellt wird. Eine Reihe anderer typischer psychotherapeutischer Leistungen wie Familientherapie,

Ehe- oder Paartherapie, Erziehungsberatung usw. wird von den Kassen nicht bezahlt.

Eine weitere Voraussetzung für die Finanzierung durch die Krankenkassen ist, dass sich die Psychotherapie eines der anerkannten „Richtlinienverfahren" bedient. Diese sind:

- Verhaltenstherapie
- Tiefenpsychologisch fundierte Therapie
- Psychoanalyse
- Systemische Therapie (erst seit 2020)

Dabei können sowohl Einzeltherapien als auch Gruppentherapien finanziert werden.

Jeder kassenfinanzierten Psychotherapie geht eine psychotherapeutische Sprechstunde von zwei bis maximal sechs Sitzungen voraus. Es schließen sich je nach Fall bis zu vier probatorische Sitzungen an, eine Akutbehandlung mit bis zu 24 Sitzungen, eine Kurzzeittherapie mit maximal 24 Sitzungen oder eine Langzeittherapie. Die maximale Sitzungszahl einer Langzeittherapie bemisst sich nach dem jeweiligen Richtlinienverfahren und beträgt zwischen 60 und 160 Sitzungen, kann dann aber noch auf 80 bis 300 Sitzungen verlängert werden.

Psychotherapeuten sind in Kammern auf Landesebene organisiert, deren Mitgliedschaft Pflicht ist. Für die ostdeutschen Bundesländer gibt es eine gemeinsame Kammer. Übergeordnet ist die Bundestherapeutenkammer, die den Rahmen der Aufgaben der Landeskammern festlegt und gemeinsame Interessen auf Bundesebene vertritt.

Heilpraktiker

Die Festlegungen nach dem 1999 in Kraft getretenen Psychotherapeutengesetz klingen eindeutiger, als sie sind. Es ist nämlich jedem, der eine allgemeine oder eine auf Psychotherapie beschränkte Zulassung als Heilpraktiker besitzt, gestattet, Psychotherapie auszuüben. Er darf sich zwar nicht Psychotherapeut nennen, aber Heilpraktiker für Psychotherapie. Dazu bedarf es auch keiner formalen Ausbildung. Im Prinzip kann daher jeder Autodidakt psychotherapeutisch tätig sein. Das Heilpraktiker-Gesetz geht noch auf das Dritte Reich zurück und sieht eine Zulassungsprüfung durch das Gesundheitsamt vor, die sicher stellen soll, dass der oder die Betreffende „keine Gefahr für die Volksgesundheit" darstellt. Spezielle Kenntnisse in therapeutischen Verfahren und Praktiken werden nicht verlangt.

Heilpraktiker unterliegen keinerlei Beschränkungen in ihren therapeutischen Methoden, solange sie einige für Ärzte reservierte Behandlungsgebiete respektieren. Was in einer Psychotherapie bei Heilpraktikern geschieht, lässt sich daher nicht allgemein sagen. Eine verpflichtende Kammerorganisation existiert bei Heilpraktikern nicht. Dafür gibt es eine Vielzahl von Heilpraktiker-Verbänden.

Es gibt unter der Zulassung als Heilpraktiker auch diverse mehr oder weniger psychologische Arten von Lebensberatung und Coaching, die ebenfalls suggestive Einflüsse ausüben und damit falsche Erinnerungen erzeugen können.

Psychotherapeutische oder psychosomatische Kliniken

Neben niedergelassenen Einzeltherapeuten gibt es auch psychotherapeutisch arbeitende Kliniken. Der Begriff sagt nicht viel mehr, als dass hier nicht nur ein Einzelner mit Patienten arbeitet. Kliniken können kleine Gruppierungen mehrerer Therapeuten mit gemeinsamer Organisation sein, aber auch Betriebe mit vielen Hundert Mitarbeitern. Über die Qualifikation der Therapeuten und die Therapiemethoden sagt der Begriff nichts aus. Auch die Aussage, es werde auf wissenschaftlicher Grundlage gearbeitet, ist wenig aussagekräftig. Das liegt daran, dass der Begriff der Wissenschaftlichkeit in den Psychowissenschaften nicht eindeutig ist. Diese Tatsache wird uns noch beschäftigen.

Sekten und spirituelle Heiler

Da uns in diesem Buch vor allem die Entstehung falscher Erinnerungen an sexuellen Missbrauch interessiert, müssen auch die Einflüsse durch religiöse und spirituelle Organisationen erwähnt werden. Derartige Organisationen haben in der Regel spezielle und u. U. sehr genaue Vorstellungen, wie das persönliche Leben ihrer Mitglieder gestaltet sein soll. Sie haben daher mehr oder weniger direkten Einfluss auf deren Lebensführung, ohne dass dieser Einfluss im Zusammenhang mit gesundheitlichen Fragen steht. Eine besonders unrühmliche Rolle spielen in diesem Zusammenhang Personen, die sich als Medium für höhere Mächte verstehen, spirituelle Helfer und/oder Sekten. Ihre Suggestionen haben gerade wegen ihrer spirituellen Begründung ein hohes Maß an vermeintlicher Unangreifbarkeit. Dazu kommen immer wieder behauptete seherische Fähigkeiten, die ihnen angeblich gestatten, bei ihren Opfern Missbrauchssituationen zu erkennen, welche häufig in den Bereich der kindlichen Amnesie oder gar in frühere Leben hineinreichen. Viele selbsternannte spirituelle Heiler bedienen sich einer Zulassung als Heilpraktiker, um rechtlich unangreifbar zu sein.

Was haben Psychotherapien mit falschen Erinnerungen zu tun?

Gibt es Psychotherapie ohne suggestive Beeinflussung?

Wie wir gesehen haben, können suggestive Einflussnahmen in Psychotherapien schlimme Folgen haben. Es ist allerdings praktisch ausgeschlossen, Psychotherapie ohne jede suggestive Beeinflussung auszuüben. Immerhin will der Psychotherapeut eine Verhaltensänderung im weitesten Sinne erreichen. Das geht nicht, ohne mit den Patienten zu kommunizieren, und schon die einfachste Kommunikation will etwas bewirken, und sei es nur, sich selbst als Person darzustellen. Damit sind immer auch suggestive Komponenten verbunden. Jede Einwirkung auf die Patienten in Gesprächen, Anleitungen, Übungen usw. enthält mehr oder weniger starke suggestive Anteile. Selbst wenn eine wesentliche therapeutische Methode darin besteht, die Patienten reden und frei assoziieren zu lassen (Psychoanalyse), dann muss daraus auch irgendwann eine Konsequenz entstehen, die mit Suggestionen verbunden ist. Psychotherapie ohne Suggestion gibt es nicht.

Psychotherapie bietet ein ideales Brutklima für falsche Erinnerungen

In dem Abschnitt *Umstände, unter denen falsche Erinnerungen entstehen* wurde gezeigt, dass drei Schritte wichtig sind, um falsche Erinnerungen entstehen zu lassen:

1. Zuerst wird eine Vertrauenssituation aufgebaut.
2. Es wird eine auf die Vergangenheit bezogene Suggestion gegeben.
3. Die Suggestion wird mehrfach im Abstand von einigen Tagen oder Wochen wiederholt, damit die Versuchsperson darüber nachdenken kann.

Diese Umstände sind in einer Psychotherapie in geradezu idealer Weise gegeben. Jeder Psychotherapeut wird sich bemühen, durch sein Verhalten das Vertrauen seiner Patienten zu gewinnen. Gleichzeitig ist er für den Patienten eine Autorität, eine Fachperson, und damit von Haus aus vertrauenswürdig. Der erste Schritt wird fast immer erfüllt.

Der dritte Schritt ist in einer Psychotherapie weitaus besser gegeben als in den Versuchen. Ein Versuch muss zu einem Abschluss kommen. Mehr als zwei oder drei Sitzungen im Abstand von einigen Tagen wird es dabei nicht geben. In einer Psychotherapie gibt es eine viel größere Zahl von Sitzungen, und die Beschäftigung der Patienten mit einer Suggestion kann sich über lange Zeit hinziehen. Die Suggestion kann vielfach wiederholt werden. Erste Ansätze zu Erinnerungen können bestätigend verstärkt werden. Dem Autor sind Fälle bekannt, bei denen falsche Erinnerungen erst nach vielen Monaten entstanden.

Problematisch ist der zweite Schritt. Wenn es schon keine Psychotherapie ohne Suggestion gibt, so unterliegt der Inhalt dieser Einflüsse der kritischen Disziplin des Therapeuten. Selbstverständlich ist eine Anamnese erforderlich, die sich mehr oder weniger detailliert mit dem Leben des Patienten in seiner Vergangenheit befasst. Wenn aber dabei vom Therapeuten Vermutungen über diese Vergangenheit angestellt werden, die über das vom Patienten Berichtete hinausgehen, dann wird es gefährlich. Jede derartige Vermutung hat starke suggestive

Wirkungen. Noch gefährlicher wird es, wenn der Therapeut nicht nur Vermutungen äußert, sondern es als sicheres Wissen darstellt, dass bestimmte Ereignisse in der Vergangenheit stattgefunden haben, an die sich der Therapierte unbedingt erinnern muss.

Zusammenfassend stellt man fest: Es gibt kaum ein Klima, in dem falsche Erinnerungen so leicht gedeihen wie in einer Psychotherapie, denn die Bedingungen des ersten und des dritten Schritts sind fast immer gegeben. Umso wichtiger ist es, dass der zweite Schritt vermieden wird. Manche Therapeutenkammern und -verbände, aber bei Weitem nicht alle, haben den Verzicht auf suggestive Spekulationen über die Vergangenheit der Patienten mehr oder weniger direkt in Therapierichtlinien aufgenommen. In manchen psychotherapeutischen Ausbildungen, aber bei Weitem nicht in allen, ist das Teil des Unterrichts. Wie gefährlich aber die Erzeugung falscher Erinnerungen – insbesondere an sexuellen Missbrauch – für das Leben der Therapierten sein kann, wird meist nicht erkannt. Im Gegenteil: Es gibt bestimmte Verbände und Schulen, die sich auf Traumatherapie spezialisiert haben und die es als einen Kunstfehler ansehen, wenn der Therapeut nicht aktiv versucht, die Vergangenheit der Patienten zu explorieren, weit über das hinaus, was diese von sich aus sagen. Daher ist es auch nicht verwunderlich, dass es insbesondere Traumatherapien sind, in denen falsche Erinnerungen an sexuellen Missbrauch entstehen.

Der schrittweise Aufbau von Pseudoerinnerungen

Ist jemand tatsächlich sexuell missbraucht worden, so wird er das meist sehr genau im Gedächtnis behalten, jedenfalls dann, wenn der Missbrauch zum Zeitpunkt des Geschehens als traumatisch erlebt wurde. Ist das nicht der Fall, so kann ein Missbrauch sogar vergessen werden, doch wenn er überhaupt in Erinnerung zurückgerufen werden kann, so wird ein konkretes Ereignis mit ungefährem Zeitpunkt, beteiligten Personen, Handlungen und Begleitumständen ins Gedächtnis kommen.

Im Gegensatz dazu ist der Verlauf beim Aufbau falscher Erinnerungen in einer Trauma-Erinnerungstherapie ein ganz anderer. Meist stehen am Anfang diffuse Gefühle, dann folgen erste, aber nicht konkrete Erinnerungsfetzen. Bis daraus im ständigen Spiel von Nachdenken, Grübeln, Vorstellen usw. eine konkrete Erinnerung mit beteiligten Personen und Umständen wird, dauert es meist längere Zeit. Zwar kann man von diesen Personen nicht selten hören: „Ich habe immer gewusst, dass da etwas war!" Fragt man aber nach, so stellt sich meist heraus, dass es nie mehr als ein Verdacht ohne konkreten Inhalt war. Oft ändert sich der Inhalt der sich bildenden Erinnerungen vielfach, oder er bleibt nebelhaft. Aus diesem Grunde ist für Aussagepsychologen diese Art von Erinnerungsentstehung ein Kriterium für mögliche Pseudoerinnerungen.

Diese Entstehung falscher Erinnerungen hat aber noch eine weitere Konsequenz: Sie ist niemals wirklich abgeschlossen. Solange daran weitergearbeitet wird, können weitere angebliche Fakten, Personen und Umstände hinzukommen. Das ist besonders dann der Fall, wenn ein Therapeut drängt und sagt, da müsse noch mehr gewesen sein. Nur auf diese Weise ist die Entstehung der furchtbaren Erinnerungen an rituellen und/oder satanistischen Missbrauch erklärbar. Es gibt für falsche Erinnerungen keine Grenzen außer der Fantasie der Patienten. Wenn diese Fantasie eben eine Entführung durch Außerirdische hergibt, dann ist auch die Erinnerung daran möglich. Auf diese Weise bleibt es bei falschen Erinnerungen an sexuellen Missbrauch oft nicht bei weniger dramatischen Handlungen wie dem Streicheln an sexuell aktiven Körperteilen, sondern es werden Erinnerungen an schwere und schwerste Traumata aufgebaut.

Gut gemeint ist keine Garantie für gute Ergebnisse

Der zweite Fallbericht, der Bericht von Frau K., hat gezeigt, dass die Therapeutin zwar im besten Willen, aber in Unkenntnis der Gefahren die Vermutung geäußert hat, Frau K. sei in ihrer Jugend sexuell missbraucht worden. Sie hat es gut gemeint, aber das genügt nicht.

Man muss davon ausgehen, dass fast immer, wenn so etwas in einer Psychotherapie geschieht, die Therapeuten fest davon überzeugt sind, sie täten damit für ihre Patienten das Beste, was sie tun können. Fast alle meinen es gut. Woher kommen ihre gefährlichen Überzeugungen? Meist sind es tradierte therapeutische Konzepte, von denen manche auf Sigmund Freud zurückgehen, oder ideologische Einstellungen, die sie zu diesen Überzeugungen bringen. Und es sind durchweg Positionen, die von der wissenschaftlichen Psychologie abgelehnt werden und die im Weiteren genauer diskutiert werden.

Vorher werden wir uns aber der historischen Entwicklung von Therapien zuwenden, die es sich zur Aufgabe machen, verborgene Verletzungen im Leben ihrer Patienten, die diesen selbst nicht bewusst sind, aufzudecken. In den angelsächsischen Ländern wird diese Methode als *recovered memory therapy* bezeichnet. Im Deutschen fehlt ein entsprechender Fachausdruck. In diesem Buch wird dafür der Ausdruck *Trauma-Erinnerungstherapie* verwendet. Der Ausdruck Traumatherapie allein wäre irreführend, denn es gibt durchaus Traumatherapeuten, die sorgfältig und im Bewusstsein der beschriebenen Gefahren arbeiten.

Trauma-Erinnerungstherapien

Mit Trauma-Erinnerungstherapien kommen wir zum Kern dieses Buches. Dass sich Psychotherapien entwickelt haben, in denen falsche Erinnerungen und darunter vor allem solche an erlittenen Missbrauch im Kindesalter in großer Zahl entstehen, muss seine Gründe haben. Diese liegen vor allem in der historischen Entwicklung der Psychotherapien. Aus dieser Entwicklung lassen sich die theoretischen Konzepte der Therapeuten verstehen, die solchen Therapien zugrunde liegen.

Historische Entwicklung

Freud und die Folgen

Die Entwicklung der Psychotherapie war bis weit in die zweite Hälfte des 20. Jahrhunderts in starkem Maße von der Psychoanalyse in den Fußstapfen von Sigmund Freud bzw. dessen Tochter Anna Freud bestimmt. Freud selbst hatte in den 1890-er Jahren eine Art Trauma-Erinnerungstherapie praktiziert. Er arbeitete dabei in massiver Weise suggestiv, um verdrängte Erinnerungen an Missbrauch wiederzubeleben. Das Ergebnis war, dass 12 Frauen und 6 Männer, die bei ihm in Therapie waren, angeblich von ihren Eltern oder anderen Bezugspersonen sexuell missbraucht (verführt) worden waren. 1896 stellte er seine Verführungstheorie vor, nach der die Neurosen seiner Patienten auf sexuellem Missbrauch beruhten.

Freud war kritisch genug, um schon nach zwei Jahren zu erkennen, dass dieses Ergebnis kaum glaubhaft war.[29] Erst sehr viel später räumte er die Möglichkeit ein, dass er seine Therapieergebnisse durch suggestive Methoden selbst erzeugt hatte.[30] Freuds Kritiker Webster schreibt dazu: „Bis heute war niemand in der Lage, einen soliden Beweis zu erbringen, dass eine einzige therapeutisch wiederentdeckte Erinnerung an sexuellen Missbrauch einem realen Vorgang entspricht."[31] An seinen Freund Wilhelm Fliess schrieb Freud in einem Brief vom 21.09.1897 von seiner sicheren Einsicht, „dass es im Unbewussten ein Realitätszeichen nicht gibt, so dass man die Wahrheit und die mit Affekt besetzte Fiktion nicht unterscheiden kann."[32]

Deshalb wandte er sich im gleichen Jahr von seiner Verführungstheorie ab und entwickelte eine neue Theorie, die des Ödipuskomplexes. Dieser Theorie nach hat das Kind den Wunsch, den gegengeschlechtlichen Elternteil für sich allein zu haben und den gleichgeschlechtlichen aus dem Wege zu schaffen. Die Bezeichnung knüpft an die griechische Sage an, nach welcher der Königssohn Ödipus (unwissentlich) seinen Vater tötet und die Mutter heiratet. Das Konzept der Verdrängung aber blieb in Freuds neuer Theorie erhalten, nur wurde jetzt der Wunsch des Kindes verdrängt. Die Berichte seiner Patienten über sexuellen Missbrauch erklärte Freud als Fantasien, die auf diesem verdrängten Wunsch beruhen. Verdrängung wurde so zu einem Grundkonzept der Psychoanalyse. Aus diesem Grunde wurden Fälle von wirklichem sexuellem Missbrauch bis in die zweite Hälfte des 20. Jahrhunderts von der Psychoanalyse als der weltweit und speziell in den USA maßgebenden psychotherapeutischen Methode regelmäßig als ödipale Fantasien abgetan und fanden keine Beachtung. Als Gegenbewegung entwickelte sich eine Therapierichtung, die endlich missbrauchten Frauen Gehör verschaffen wollte. Ihre Unterstützer waren aus naheliegenden Gründen die feministische Bewegung sowie vorwiegend alternative Psychotherapeuten, die akademischen Konzepten von Haus aus fernstanden. Aus diesem Grunde waren auch viele der Protagonisten der Trauma-Erinnerungstherapie in den 70-er und 80-er Jahren autodidaktische Therapeuten.

Den Rechten von Frauen und Missbrauchten zum Durchbruch zu verhelfen, war notwendig und zu begrüßen. Das ist ein bleibendes Verdienst dieser Therapeuten. Die Probleme entstanden durch Verallgemeinerung und durch Ideologisierung. Sexueller Missbrauch wurde zum universalen Grund für sämtliche psychischen Schwierigkeiten erklärt und auch da vorausgesetzt, wo es keinerlei Indizien dafür gab. So entstand die Trauma-Erinnerungstherapie, die sich zum Ziel setzt, angeblich verdrängte Erinnerungen an sexuellen Missbrauch wiederzugewinnen.

Wichtige Bücher

Es gibt einige wichtige Bücher, die den Durchbruch der Trauma-Erinnerungstherapie in den USA einleiteten. Es begann mit dem Buch *Sybil*[33] im Jahr 1973. Dieses Buch war sowohl für die „Bewegung" der multiplen Persönlichkeitsstörung (heute DIS) als auch die der wiedergewonnenen Erinnerungen an in der Kindheit erfahrenen Missbrauch von entscheidender Bedeutung. Es entstand aus der Zusammenarbeit der in klassischer Psychoanalyse ausgebildeten Therapeutin Cornelia Wilbur und der Journalistin Flora Rheta Schreiber. Es berichtet über den Fall von Sybil, die in Wirklichkeit Shirley Mason hieß. Sybil entwickelte im Laufe der Therapie sechzehn verschiedene Persönlichkeiten, die angeblich entstanden waren, um die Schrecken erlebten sexuellen Missbrauchs von der Hauptpersönlichkeit fernzuhalten. Dementsprechend wusste Sybil in der Therapie nichts von Missbrauch, aber ihre alternativen Persönlichkeiten wussten davon. Untypisch an Sybil ist die Tatsache, dass nicht der Vater beschuldigt wurde, sondern die Mutter. Die von Sybils Innenpersonen berichteten Missbrauchshandlungen durch ihre Mutter waren in der Tat erschreckend. Sie wurden zwar nie bewiesen, doch verließ sich die Therapeutin auf die Aussagen von Sybils alternativen Persönlichkeiten.

Das Buch wurde einschließlich Übersetzungen in über 11 Millionen Exemplaren verkauft und auch verfilmt. Es war eine „Initialzündung" für multiple

Persönlichkeiten, deren Häufigkeit danach sprunghaft zunahm. Vor dem Erscheinen des Buches hatte man in 80 Jahren weltweit nach unterschiedlichen Quellen 50 bis 200 Fälle dissoziierter Persönlichkeiten mit jeweils nur zwei oder drei Innenpersonen dokumentiert. 20 Jahre später waren es angeblich 40.000, und die Zahl der Innenpersonen stieg sprunghaft an bis zu mehr als 100.

Spätere Untersuchungen zu den Fakten im „Musterfall" Sybil kommen zu dem Ergebnis, dass es sich eher um einen Musterfall von Irreführung der Öffentlichkeit handelte.[34] So versuchte Sybil mehrfach, ihre Aussagen zurückzuziehen. Sie sagte ausdrücklich, sie habe die alternativen Persönlichkeiten alle erfunden und viel gelogen, es sei an der Zeit, das richtig zu stellen. Die Therapeutin tat das als Abwehrmechanismus im Sinne der Psychoanalyse ab und nahm es nicht zur Kenntnis. Auch drückte die Buchautorin Flora Rheta Schreiber ihre Befürchtung aus, dass damit das Buchprojekt gefährdet sein würde. Frau Wilbur versicherte ihr daraufhin, dass dieser Rückzieher nicht berücksichtigt werde.

Die Methoden von Wilbur waren alles andere als eine klassische Psychoanalyse. Wilbur wandte Hypnose und Elektroschocks an und verwendete psychotrope Medikamente. Injektionen von Natriumpentothal, das (fälschlicherweise) als Wahrheitsserum betrachtet wurde, weil es mentale Hemmschranken abbaut, begleiteten die Therapie und erzeugten bei Sybil eine Abhängigkeit sowohl von diesem Medikament als auch von ihrer Therapeutin. Shirley Mason stand auch nach Beendigung der Therapie weiterhin in enger Verbindung mit ihrer Therapeutin, solange diese lebte. Die drei Frauen, Patientin, Therapeutin und Journalistin, partizipierten gleichermaßen an den Tantiemen des Bestsellerbuches. Die wahre Identität von Sybil, also Shirley Mason, wurde erst 1997, kurz vor ihrem Tod, bekannt. Es wurden Bekannte von Shirleys Familie befragt, die sowohl Shirley selbst als auch ihre Eltern kannten. Eine Bestätigung für Sybils Erinnerungen wurde dabei nicht gefunden.

Das nächste wichtige Buch war *Michelle Remembers* von Lawrence Pazder (1980).[35] Hier traten erstmalig die Verschwörungstheorien an die Öffentlichkeit, die wir in unserem vierten Fallbeispiel beschrieben haben. Auch dieses Buch war ein Bestseller und es war der Startschuss für viele Fälle angeblichen rituellen und satanistischen Missbrauchs, deren Zahl nach dem Erscheinen des Buches rasch zunahm. Wie oben bereits skizziert gehen die Verschwörungstheorien davon aus, es gebe weitverzweigte Geheimorganisationen, die in kulthafter Weise Kinder und Jugendliche in Abhängigkeit bringen, sie sexuell missbrauchen, sie schwängern und die Kinder rituell schlachten. Einzelheiten zum sogenannten rituellen Missbrauch unter *Die Rituelle Gewalt/Mind Control-Theorie*. In den meisten Fällen wurde dabei eine multiple Persönlichkeitsstörung bzw. DIS diagnostiziert.

Wie auch das Buch *Sybil* erwies sich *Michelle Remembers* in nachträglichen Recherchen als weitgehend erfunden und unseriös. Während beide Bücher kaum mehr ernst genommen werden ist jedoch eine weitere Gruppe von Büchern für „wiederentdeckte" Erinnerungen immer noch von Bedeutung:

- *The Courage to Heal* von Ellen Bass und Laura Davis[36]
- *Secret Survivors* von Sue E. Blume[37]
- *Repressed Memories* von Renée Fredrickson[38]

Die letzten beiden Bücher entfalteten ihre Wirkung vor allem in der angelsächsischen Welt, doch das erste ist auch für Deutschland wichtig. Es erschien zu einer Zeit, als sich die Zahl der Fälle „wiederentdeckter" Erinnerungen in steilem Anstieg befand und liegt seit 1990 in deutscher Übersetzung unter dem Titel *Trotz allem* vor.[39] Es wird auch heute noch von Opferhilfsorganisationen und in vielen Trauma-Erinnerungstherapien als therapiebegleitende Lektüre empfohlen.

Von dem Autoren-Duo ist Ellen Bass, autodidaktische Psychotherapeutin, und Laura Davis, Journalistin. Ihre Absicht ist, missbrauchten Frauen dabei zu helfen, ihr Trauma zu überwinden. Soweit sich das Buch an Leserinnen wendet, bei denen ein nie vergessener und womöglich erwiesener Missbrauch vorliegt, stellt sich zwar die Frage, ob es sehr hilfreich ist, aber es gibt keinen grundsätzlichen Einwand dagegen. Was dieses Buch aber so problematisch macht, entgeht den meisten dieser Leserinnen: Quer durch das ganze Buch zieht sich eine äußerst starke suggestive

Tendenz, die stellenweise nach einer Anleitung zur Selbsthypnose aussieht. Dazu einige Zitate aus dem Buch. Nach einer Aufzählung möglicher Missbrauchstatbestände liest man: „Wenn du dich nicht an solche konkreten Geschehnisse erinnern kannst, und trotzdem das Gefühl hast, missbraucht worden zu sein, stimmt es vermutlich." Kurz danach heißt es dann: „Bis jetzt hat noch keine Frau, mit der wir gesprochen haben, zuerst gedacht, sie sei vielleicht missbraucht worden, und später entdeckt, dass es doch nicht stimmte. Es läuft immer andersherum: Dem Verdacht folgt die Bestätigung. Wenn du glaubst, du seist missbraucht worden, und dein Leben zeigt entsprechende Symptome, dann stimmt es auch."[40]

Welche Symptome meinen die Autorinnen? Sie widmen dem ein ganzes Kapitel von „Beschädigungen", die auf Missbrauch hindeuten, und wie bei der weiter unten im Abschnitt *Schlüsse von Symptomen auf sexuellen Missbrauch* gezeigten Symptomliste, gibt es kaum einen Menschen, auf den nicht mehrere dieser Symptome zutreffen.

Breiten Raum nehmen Erinnerungen in dem Buch ein. Daher ist ein Abschnitt darin mit der Überschrift „Wie funktionieren Erinnerungen überhaupt?" durchaus angebracht. Wenn man aber glaubt, darin nur die geringsten Grundlagen der Gedächtnispsychologie zu finden, irrt man sich. Es gibt nichts in diesem Buch, was mit Wissenschaft zu tun hat. Das hat auch die Autorin Ellen Bass unumwunden zugegeben.

Dafür gibt es ausufernde Beschreibungen, wie sich manche Personen an Missbrauch erinnert haben, mit welchen Vorstellungen, welchen Gefühlen, welchen Bildern. Und es gibt Anleitungen zum aktiven Erinnern, z. B. in Schreibübungen, und auch diese Anleitungen sind gespickt mit Einzelheiten, an die man sich zum Beispiel erinnern könnte. Der Leser wird in diesem Buch in eine Welt geführt, in der es außer Missbrauch und seinen Folgen kaum etwas anderes gibt. Für suggestible Personen, die hilfsbedürftig in eine Therapie gegangen sind und denen dieses Buch vom Therapeuten empfohlen wird, ist es eine nahezu sichere Anleitung, sich so oder so an einen Missbrauch zu erinnern, ganz gleich, ob das etwas mit Fakten zu tun hat oder nicht.

Das Buch wurde in den USA in einer Auflage von einer dreiviertel Million Exemplaren gedruckt. Die deutsche Übersetzung hatte 1997 bereits eine Auflage von 52.000 Exemplaren. Der Einfluss dieses Buches für die Inflation des in der Therapie entdeckten Missbrauchs war enorm. Wer sich vom Geist der *recovered memory*-Bewegung, von ihrer Gefährlichkeit und von ihrer Unseriosität einen Begriff machen möchte, dem sei die kritische Lektüre empfohlen.

Die Gedächtniskriege (memory wars)

Am Beginn der 90-er Jahre hatte sich in den USA und besonders in feministischen Kreisen eine psychotherapeutische „Mode" entwickelt, die im sexuellen Missbrauch die Wurzel allen Übels sah. Ein sehr guter Bericht über diese Atmosphäre findet sich in dem Buch *My Lie* von Meredith Maran.[41] Viele „Therapeutinnen" wurden in kurzen Wochenendkursen speziell für die Aufdeckung von Missbrauchserinnerungen ausgebildet.

Deshalb war es kaum verwunderlich, dass sich im Jahr 1992 als Gegenbewegung die *False Memory Syndrome Foundation* (FMSF) etablierte. Sie verstand sich als Interessenvertretung von Personen, die auf Grund falscher Erinnerungen des Missbrauchs beschuldigt wurden. Der Name ist nicht besonders glücklich gewählt. Nicht nur von Seiten ideologischer Protagonisten der Trauma-Erinnerungstherapie, sondern auch von ernst zu nehmenden Gedächtniswissenschaftlern gibt es dazu Kritik, weil diese Bezeichnung eine diagnostizierbare Störung oder Krankheit suggeriert, und das sind falsche Erinnerungen an sexuellen Missbrauch nicht, denn sie stehen in keinem Diagnosekatalog.[42] Bei genauerer Betrachtung allerdings stellt man fest, dass die Gründer der FMSF die Bezeichnung *False Memory Syndrome* aus gutem Grund gewählt haben. Diejenigen, die in einer Trauma-Erinnerungstherapie falsche Erinnerungen entwickelt haben, zeigen nämlich in den meisten Fällen ein Verhalten, das durchaus pathologische Züge trägt. Wir werden uns damit weiter unten im Abschnitt *Posttraumatische Belastungsstörung* befassen.

Zurück zur FMSF, deren Wirken und deren Zusammenarbeit mit renommierten Wissenschaftlern in den USA rasch die Vertreter der Trauma-Erinnerungstherapie herausforderte. Eklatante Fälle von

Falschtherapie wurden vor Gericht ausgetragen, vor allem Fälle angeblichen rituellen oder satanistischen Missbrauchs. Es wurden Therapeuten zu exorbitanten Schadenersatzzahlungen verurteilt. Einigen wurde sogar die Therapielizenz entzogen. Damit wurde nicht nur die Überzeugung vieler Therapeuten, sondern auch ihre materielle Basis in Frage gestellt.

Gedächtnisforscher stellten in Therapie gewonnene Erinnerungen an sexuellen Missbrauch generell in Frage. In Gerichtsverhandlungen, in Vortragsveranstaltungen, in den Medien, in wissenschaftlichen und unwissenschaftlichen Publikationen prallten zwei gegensätzliche Auffassungen aufeinander. Sie wurden getragen von der FMSF und einer Reihe von Wissenschaftlern auf der einen Seite, von Therapeutenverbänden, feministischen Gruppen etc. auf der anderen. Es war eine äußerst harte Auseinandersetzung. Es kam zu Morddrohungen. Aufrichtigen Personen beider Seiten ging es um Wahrheit, doch es ging auch um Macht, um Einfluss oder um die Durchsetzung dogmatischer Positionen.

Im Endergebnis haben die Turbulenzen der *memory wars* zwar dazu geführt, dass die rasche Zunahme therapeutisch erzeugter falscher Erinnerungen in den USA zeitweilig aufgehalten werden konnte. Doch auch wenn es zeitweise so aussah, als sei die Trauma-Erinnerungstherapie in den USA überwunden, ist das keineswegs der Fall.

Die Entwicklung in den letzten Jahrzehnten

Bereits Anfang der 90-er Jahre gab es in Deutschland die ersten Fälle von therapeutisch erzeugten falschen Erinnerungen an sexuellen Missbrauch. Die Trauma-Erinnerungstherapie war aus den USA über England und Holland in die westeuropäischen Länder gekommen, doch das waren damals noch seltene Fälle, während in den USA die *memory wars* tobten. Ab dem Jahre 2000 hatte sich die Häufigkeit dieser Fälle in Europa und in den USA etwa angeglichen. Die zeitweilige Abnahme, die es in den USA gab, hat es anscheinend in Europa nie gegeben.

Wie bereits in der Einführung erwähnt, war zu diesem Zeitpunkt die wissenschaftliche Klärung der wichtigsten Fragen bereits abgeschlossen und wurde durch Forschungen aus den USA und England dominiert, während in Kontinentaleuropa sich die Wissenschaft wenig dafür interessierte. Es gibt allerdings eine wichtige Ausnahme: Die Aussagenpsychologie war speziell in Deutschland und Holland weiter fortgeschritten als in den USA. Im Großen und Ganzen zeigte sich in Deutschland im letzten Jahrzehnt, dass die juristischen Institutionen sich besser und vor allem wissenschaftlich fundierter mit der Realität falscher Erinnerungen auseinandergesetzt haben, als die psychotherapeutischen.

In der klinischen Praxis nämlich scheint seit dem Beginn des Jahrhunderts die Häufigkeit der Fälle zuzunehmen. Das führte im Jahre 2012, 20 Jahre nach der Gründung der FMSF in den USA, zur Gründung des Vereins False Memory Deutschland, der aber im Unterschied zur FMSF den Schwerpunkt seiner Arbeit in der Beratung Betroffener sieht und nicht in politischer Lobbyarbeit. Es gibt noch eine weitere Sonderentwicklung in Deutschland, nämlich die im Vergleich mit anderen Ländern stärkere Rolle des angeblichen rituellen Missbrauchs hierzulande. Das äußerte sich schon früh, zum Beispiel in der entsprechenden deutschsprachigen Literatur (siehe den Abschnitt *Therapiebegleitende Literatur*). Ab dem Jahre 2011 wurde diese Entwicklung verstärkt durch die einseitige Positionierung des Unabhängigen Beauftragten der Bundesregierung (siehe *Institutionen*). In den letzten Jahren hat die Schweiz eine Vorreiterrolle in der Entlarvung der zugrunde liegenden Verschwörungstheorien angenommen, während in Deutschland höchstens Ansätze dazu vorhanden sind.

Theorien und Ideologien

Wie bereits betont, muss man davon ausgehen, dass die Therapeuten, die Trauma-Erinnerungstherapien betreiben, der Überzeugung sind, das Bestmögliche für ihre Patienten zu tun. Wie kommen sie zu dieser Überzeugung? Spricht man mit ihnen, so stellt sich heraus, dass sie bestimmten Theorien und Positionen anhängen, mit denen sich dieser Abschnitt befasst. Es handelt sich weitgehend um Theorien, die von Seiten der wissenschaftlichen Psychologie unbestätigt, oft aber sogar widerlegt sind.

Verdrängung

Eine der wichtigsten Theorien, die der Trauma-Erinnerungstherapie zugrunde liegt, besagt, dass Erinnerungen an traumatische Erlebnisse automatisch verdrängt werden. Der Begriff der Verdrängung gehört zur psychologischen Folklore seit Sigmund Freud. Freud hat den Begriff nicht erfunden, aber vielfach verwendet, ohne ihn jemals schlüssig zu definieren. Bereits in seiner Verführungstheorie hatte Verdrängung ihren Platz. Angeblich hatten alle von ihm behandelten Frauen die Erinnerung an Missbrauch in der Kindheit verdrängt. Als Freud seine Verführungstheorie fallenließ, behielt er das Konzept der Verdrängung jedoch bei. Nur verdrängten die Patienten jetzt angeblich ihren Wunsch, den gleichgeschlechtlichen Elternteil zu töten und den gegengeschlechtlichen für sich zu gewinnen (Ödipuskomplex).

Um heute kritisch über Verdrängung zu sprechen, müssen wir genauer sagen, was damit gemeint ist.

Meist bezeichnet man mit Verdrängung absichtliches Vergessen – sofern man überhaupt absichtlich vergessen kann – oder absichtliches Vermeiden, sich mit etwas zu befassen, was unter Umständen zum Vergessen führt. Diese Definition steht auf dem Boden der Gedächtnispsychologie. Je nach der Vollständigkeit des Vergessens ist eine Wiedergewinnung der Erinnerung möglich, aber nur dann, wenn das Individuum noch irgendeinen Zugang zu den Gedächtnisinhalten hat. Auch Psychotherapeuten haben keinen privilegierten Zugang, können aber durch die Präsentation geeigneter „Schlüssel" eine Wiedererinnerung fördern. Es gelten die umfangreichen Resultate der Gedächtnispsychologie, insbesondere auch die Tatsache der kindlichen Amnesie.

Uns interessiert aber eine andere Definition der Verdrängung, die heute vielfach von Psychotherapeuten benutzt wird. Nach dieser Version werden traumatische Erlebnisse automatisch und ohne willentliche Einwirkung in einer Art Sondergedächtnis abgelegt, in dem sie – unabhängig von normalen Erinnerungsverfälschungen – unverändert erhalten bleiben, dem Individuum unzugänglich sind, jedoch durch die Kunst des Therapeuten wiedergewonnen werden können. Verdrängung in dieser Bedeutung ist ein Mythos. Gesicherte Fälle, die wissenschaftlichen Kriterien standhalten, sind nie gefunden worden, obwohl es vielfach versucht wurde. Mehr dazu im Abschnitt *Wissenschaftliche Ergebnisse*.

Abspaltung

Neben Verdrängung wird von vielen Therapeuten ein weiterer Vorgang postuliert, der in ähnlicher Weise traumatische Erlebnisse unzugänglich macht, dem Therapeuten aber gestattet, sie wiederzubeleben. Danach bewirkt ein schweres Trauma, dass sich die Persönlichkeit des Patienten aufspaltet und die Erinnerung an das Trauma einem abgespaltenen Persönlichkeitsteil übergibt, der der Hauptpersönlichkeit unzugänglich ist, und diese damit von der belastenden

Erinnerung befreit. Diese Auffassung ist regelmäßig mit der Diagnose DIS verbunden. Einzelheiten zu dieser psychischen Störung im Abschnitt *Dissoziative Identitätsstörung (DIS)* weiter unten.

In beiden Fällen, Verdrängung und Abspaltung, werden also von den Psychotherapeuten psychogene Amnesien angenommen. Gemeinsam ist beiden, dass sie durch die Kunst des Therapeuten aufgelöst werden können. Gemeinsam ist aber auch, dass sie von den empirischen Gedächtniswissenschaften nicht gestützt werden. Gedächtnisforscher stellen in Fällen, in denen ein gesichertes Trauma vorliegt, in der überwiegenden Zahl der Fälle das Gegenteil fest: Traumata werden sehr gut erinnert, und zwar umso besser und klarer, je schmerzhafter die Erfahrung war oder je häufiger die Erfahrung sich wiederholte. Ein großer Teil dieser Berichte stammt von Kriegsveteranen. Oft drängen sich diese Erinnerungen den Betreffenden auf, und sie würden sie gerne vergessen.

Gemeinsam ist den Theorien von Verdrängung und Abspaltung auch, dass gegen beide ein schwerwiegendes Argument aus der Evolution spricht. Normalerweise wird angenommen, dass lebensbedrohliche Erfahrungen einen Lernprozess bewirken, der das Individuum gegenüber wiederholten Bedrohungen schützt. Wenn aber die Erinnerung an ein Trauma automatisch unzugänglich würde, aus welchen Gründen auch immer, dann würde damit dieser Lernprozess verhindert.

Einer der renommiertesten Forscher zur Erinnerung an Traumata, Richard McNally, fasst die wissenschaftlichen Ergebnisse mit den Worten zusammen: „Die Auffassung, der Verstand schütze sich selbst, indem er traumatische Erinnerungen abtrennt und für das Bewusstsein unzugänglich macht, ist ein Stück psychiatrischer Folklore ohne jede überzeugende empirische Grundlage."[43] (Übersetzt vom Autor)

Schlüsse von Symptomen auf sexuellen Missbrauch

Wenn man von einer derartigen Verdrängung oder Abspaltung ausgeht, dann bedarf es nur noch einer Vermutung, dass es in der Vergangenheit des Patienten ein schweres Trauma gegeben habe, und schon sind alle Bemühungen, die Erinnerungen des Patienten daran wiederzubeleben, gerechtfertigt. Diese Vermutung entsteht meist durch einen Schluss von psychischen Symptomen auf ein Trauma und speziell auf sexuellen Missbrauch in der Kindheit der Patienten.

Glaubt man der Literatur der Trauma-Erinnerungstherapeuten, so gibt es eine Vielzahl von Symptomen, die auf sexuellen Missbrauch hindeuten. Hier eine kleine Auswahl der Anzeichen, die in der Literatur erwähnt werden:

- Abneigung gegen bestimmte Speisen
- Alkoholmissbrauch oder absolute Alkoholabstinenz
- Alpträume
- Angst im Dunkeln
- Angst vor Erfolg

- Angst zum Zahnarzt zu gehen
- Anorexie
- Antriebslosigkeit
- Bulimie
- Depressionen
- Gefühl, anders zu sein als andere
- Gefühl der Machtlosigkeit, Opfergefühle
- Gefühl, innerlich nicht in Ordnung zu sein
- Humorlosigkeit
- Konfliktreiche Partnerbeziehungen
- Mangel an Begeisterungsfähigkeit
- Migräne
- Negative Beziehung zum Körper
- Obsessive Gedanken an Sex
- Perfektionismus
- Perioden sexueller Promiskuität
- Phobien
- Schmerzhafte Menses
- Schüchternheit oder unnatürliche Kühnheit
- Schwierigkeit, seine Gefühle auszudrücken
- Schwierigkeit, Liebe zu geben oder zu empfangen
- Schuldgefühle, geringes Selbstwertgefühl
- Selbstmordgedanken
- Selbstverletzungstendenz
- Sex wird als abstoßend empfunden
- Tagträume

Wie man sieht, gibt es kaum einen Menschen, auf den nicht das eine oder andere davon zutrifft. In diversen Selbsthilfebüchern werden nach McNally insgesamt etwa 900 verschiedene Symptome aufgeführt.

Demnach müsste eigentlich jeder Mensch eine Historie von sexuellem Missbrauch haben, und das ist natürlich Unsinn. Richard McNally[44] und Richard Ofshe[45] haben sich ausführlich mit derartigen Symptomlisten befasst. Beide stellen fest, dass es kein einziges Symptom gibt, das einen Rückschluss auf erlebten Missbrauch gestattet, weil alle diese Symptome auch und in vergleichbarer Häufigkeit ohne sexuellen Missbrauch auftauchen. Diese Symptome sagen nichts darüber aus, ob jemand als Kind missbraucht wurde.

Feministische Positionen

Wie beschrieben, ist es der feministischen Bewegung in den 70-er Jahren zu verdanken, dass sexueller Missbrauch als schweres Unrecht öffentlich wahrgenommen wurde. Doch vielfach ist das Pendel feministischer Positionen jetzt nach der anderen Seite ausgeschlagen, übertrieben formuliert nach dem Motto: Jede Frau ein Missbrauchsopfer, jeder Mann ein Täter. Doch in der Übertreibung steckt ein wahrer Kern, und der zeigt ein wichtiges Motiv auf, in Psychotherapien nach erlittenem Missbrauch zu suchen.

Körperbezogene Theorien

Der Psychiater Bessel van der Kolk hat eine Theorie aufgestellt, nach der die Erinnerungen an sexuellen

Missbrauch im Körper gespeichert sei. Er spricht von Körpererinnerungen nach dem Motto „the body keeps the score", und das ist auch der Titel eines seiner Bücher.[46] Wissenschaftlich betrachtet gibt es allerdings keinen Mechanismus, der eine Erinnerung an anderen Stellen im Körper außer im Gehirn speichern kann. Auch Körpergefühle sind im Gehirn gespeichert und nicht im übrigen Körper. Trotzdem behauptet van der Kolk, die Erinnerung an einen Missbrauch innerhalb der Zeit der infantilen Amnesie sei wiedergewinnbar, weil sie im Körper gespeichert sei. An anderen Stellen nimmt er an, Erinnerungen aus der Zeit der kindlichen Amnesie seien im impliziten Gedächtnis gespeichert. Auch dazu gibt es keinerlei wissenschaftlichen Beleg, und selbst wenn es so wäre, könnte man diese Erinnerungen nicht wieder bewusst machen, denn dazu ist das implizite Gedächtnis nicht fähig.

Trotz all dieser Unwissenschaftlichkeit ist van der Kolk mit seinen Theorien in der Traumatherapie von großem Einfluss. Sein Buch *Traumatic Stress*[47] ist so etwas wie die Bibel der Traumatherapie.

Die Rituelle Gewalt/Mind Control-Theorie

Bereits im vierten Fallbeispiel war von Kulten und rituellem Missbrauch die Rede. Wie oben bereits skizziert, gibt es Verschwörungstheorien, die davon ausgehen, es gebe weitverzweigte Geheimorganisationen, die Kinder und Jugendliche sexuell missbrauchen und sie schwängern. Die Babys werden unter größter Geheimhaltung geboren und rituell geschlachtet. Die Opfer werden so „programmiert" (mind control), dass sie nicht in der Lage sind, über ihre schauerlichen Erfahrungen zu berichten oder die Schuldigen zu identifizieren. Diese Kulte seien angeblich auch in der Lage, ihre Opfer mit geheimen Salben und Medikamenten so wiederherzustellen, dass von ihren Verletzungen nichts mehr erkennbar sei. Angeblich jedoch hatten die Opfer psychische Verletzungen und Störungen entwickelt, die in Psychotherapien zur „Aufdeckung" ihrer furchtbaren Leiden führten. Zwar ist es den Strafverfolgungsbehörden niemals gelungen, etwas davon nachzuweisen, das liegt aber angeblich daran, dass die Ermittler selbst Mitglieder dieser Verschwörungen sind. Diese letzte Behauptung macht die Theorie unangreifbar, selbstbeweisend, damit aber auch grundsätzlich unwissenschaftlich.

Die Theorie ist alt. Schon in den 80-er Jahren wurden in den USA Fälle berichtet, denen sie zugrunde lag. Schon damals konnte trotz umfangreicher Ermittlungen des FBI nichts davon nachgewiesen werden, wie aus einem Bericht des zuständigen Chefermittlers, Kenneth V. Lanning hervorgeht.[48] Es ist kaum glaublich, dass es im 21. Jahrhundert Psychotherapeuten gibt, die nach wie vor so etwas glauben und ihren Therapien zugrunde legen. Doch es gibt sie wirklich, und es sind nicht etwa wenige Einzelfälle.[49]

Nach Lanning muss man dabei unterscheiden zwischen Behauptungen, die zwar grundsätzlich möglich, aber sehr unwahrscheinlich sind, und solchen, die nach heutigem Stand der Wissenschaft unmöglich sind. Zu der ersten Gruppe gehört die Existenz von verschworenen Tätergruppen mit obskuren Zielen, Riten, Missbrauch, Tötungsdelikten. Sie sind extrem unwahrscheinlich, weil es bei der großen Zahl der Mitwisser und Betroffenen an Unmöglichkeit grenzt, dass nicht irgendwo Fakten an die Öffentlichkeit kommen, die den Strafverfolgungsbehörden zur Kenntnis gelangen. Unmöglich nach dem heutigen Stand der Wissenschaft sind aber die Täter- und Opferprogrammierung, die spurenlose gesundheitliche Wiederherstellung schwer verletzter Opfer oder die Einwirkung von Außerirdischen. Es wird zwar immer wieder behauptet, das CIA verwende Mind Control-Methoden. Tatsächlich hatte man beim CIA in den 50-er bis 70-er Jahren in dem Programm M-K-ULTRA derartige Versuche verfolgt, die aber erfolglos beendet wurden.[50]

Der Arbeitskreis Rituelle Gewalt der Bistümer Osnabrück, Münster und Essen hat im Jahr 2014 ein Buch mit dem Titel „Rituelle Gewalt" herausgegeben.[51] Es ist ein sorgfältig bearbeitetes Buch, das den Eindruck eines wissenschaftlichen Werks macht. Es enthält grauenhafte Berichte und versucht auch, Nachweise zu bringen. Erst wenn man die einzelnen Beiträge genauer ansieht, stellt man fest, was an dem Buch nicht in Ordnung ist: Es beruht von vorn bis hinten auf Erinnerungen von Therapierten, die in Psychotherapien entstanden sind. Das gilt auch für die angeblich wissenschaftlichen Umfragen. Nichts daran sind nachgewiesene Fakten. Es sind falsche Erinnerungen!

Nach der Veröffentlichung eines eklatanten Falls angeblichen rituellen Missbrauchs, der sich als von der betreffenden Therapeutin eingeredet herausstellte[52], zog der Bischof von Münster die einzig richtige Konsequenz und schloss die Beratungsstelle für Opfer rituellen Missbrauchs.

Derzeit beobachtet man in Deutschland etwas, was in der Schweiz schon vor wenigen Jahren begonnen hat, den Beginn einer wissenschaftlichen Auseinandersetzung mit der Situation jenseits extremer Positionen in einer polarisierten Debatte[53]. Dabei wird sorgfältig unterschieden zwischen organisiertem Missbrauch (z. B. im Zusammenhang mit Kinderpornographie) und rituellem Missbrauch nach der Rituelle Gewalt-Mind Control-Theorie, die schon auf Grund ihres selbstbeweisenden Charakters wissenschaftlichen Kriterien nicht standhält. Im Zusammenhang damit steht die Kritik an einer Überdiagnostizierung und/oder iatrogenen Verstärkung der dissoziativen Identitätsstörung (DIS). Diese Störung wird dabei als Eintrittspforte für die therapeutische Induzierung falscher Erinnerungen erkannt.

Abwehrmechanismen

Ein theoretisches Konzept aus der Psychoanalyse ist der sogenannte Abwehrmechanismus. Damit bezeichnet man eine Reaktion der Therapierten auf Feststellungen, die vielleicht ein unbewusst gehütetes

Geheimnis aus der Vergangenheit enthüllen könnten. Solche Ergebnisse werden angeblich verleugnet und abgewehrt. Ob diese Dinge sich wissenschaftlich nachweisen lassen, ist hier nicht von Bedeutung, wichtig ist der Einfluss dieser Theorie auf die Trauma-Erinnerungstherapie. Kommt ein Therapeut zu der Annahme, es habe in der Vergangenheit des Patienten dieses oder jenes Trauma gegeben, so kann es sein, dass der Patient davon nichts weiß. Selbstverständlich kann dieses Nichtwissen bedeuten, dass es das Ereignis überhaupt nicht gegeben hat. Doch wenn der Therapeut die Tatsache, dass der Patient sich nicht erinnern kann, als Abwehrmechanismus deutet, dann kommt er zu dem Ergebnis, das Trauma sei nicht nur eine Tatsache, sondern es sei auch offenbar so schwerwiegend, dass es zu dieser Abwehrreaktion führt. Damit wird aus einer einfachen Vermutung ein sich selbst beweisendes Faktum. Selbstbeweisende Theorien sind niemals wissenschaftlich! Dass solchen Theorien ein Zirkelschluss zugrunde liegt, wurde von Tavris und Aronson dargelegt.[54]

Flashbacks und emotionale Erinnerungen

Der Bezeichnung *Flashback* liegt keine präzise Definition zugrunde. Der Ausdruck entstand bei Vietnam-Veteranen, die plötzliche und unkontrollierbare Erinnerungen an Kriegsereignisse hatten. Diese wurden als besonders intensiv beschrieben und oft

so erlebt, als sei man wieder in der betreffenden Situation. Im Zuge von Trauma-Erinnerungstherapien kommt es nicht selten zu derartigen Flashbacks. Oft behaupten die Therapeuten, Flashbacks seien immer Erinnerungen an real erlebte Ereignisse. Das Auftreten von Flashbacks und die Deutung durch die Therapeuten wirken als sehr intensive Bestätigungen, dass „es da etwas gegeben hat".
Die Gedächtnisforschung stützt diese These in keiner Weise. Die Forschung hat festgestellt, dass Flashbacks keineswegs immer Erinnerungen an tatsächliche Erlebnisse sind. So gab es Flashbacks von Kampfsituationen bei Vietnamveteranen, die niemals an der Front waren. Schacter schreibt, dass Flashbacks mehr darüber aussagen, was der Betreffende glaubt oder befürchtet, als was wirklich geschehen ist.[55] Frankel fasst die Ergebnisse von 55 wissenschaftlichen Veröffentlichungen zu Flashbacks zusammen. Er kommt zu dem Ergebnis, dass Flashbacks in mindestens gleichem Maße durch Imagination wie durch Erinnerungen hervorgerufen werden und dass ihr Wahrheitsgehalt zweifelhaft ist, solange es keine unabhängige Bestätigung gibt.[56]

Erinnerungen an einen traumatischen sexuellen Missbrauch, seien es nun echte erlebnisbasierte oder falsche Erinnerungen sind in allen Fällen stark emotionale Erinnerungen. Hier wird von Therapeuten häufig behauptet, man könne emotionale Erinnerungen überhaupt nicht künstlich erzeugen, weil dafür eine körperliche Reaktion erforderlich sei. Dem steht entgegen, dass Gedächtnisforscher auch emotionale Erinnerungen künstlich erzeugen konnten, allerdings niemals auf dem emotionalen Niveau eines schweren Traumas.[57] Das ist aus ethischen Gründen ausgeschlossen, weil derartige falsche Erinnerungen die Probanden schwer belasten würden.

Doch der Hirnforscher Antonio Damasio zeigte auf, dass Gefühle auch entstehen können, indem das Gehirn die körperlichen Emotionen simuliert.[58] Er nennt diesen Prozess die „als ob"-Körperschleife. Somit können auch falsche emotionale Erinnerungen entstehen, ohne dass die betreffende Person die zugehörigen Emotionen körperlich erlebt.

Transgenerationale Traumatisierung

Die Theorie der transgenerationalen Traumatisierung spielt gelegentlich eine Rolle in der Trauma-Erinnerungstherapie. Sie taucht beispielsweise in dem zweiten Fallbericht oben auf. Diese Theorie besagt, knapp gefasst, dass Traumata von Generation zu Generation weitergegeben werden. Wenn jemand in seiner Jugend unter elterlicher Gewalt gelitten habe, so die Theorie, werde er wahrscheinlich ein gewalttätiger Vater. Ebenso, wenn jemand in seiner Jugend von seinen Bezugspersonen sexuell missbraucht worden sei, werde er vermutlich selbst ein Missbrauchstäter. Im zweiten Fallbericht spielte das eine Rolle.

Diese Theorie darf allerdings nicht so verstanden werden, dass die Weitergabe der Traumata etwas Naturgesetzliches sei. Andererseits drückt sie aber auch eine fast triviale Tatsache aus: Wer häusliche Gewalt in seiner Jugend erfahren und erlebt hat, hat vielleicht gar nichts anderes gelernt. Ist jemand in einer Familie mit erodierter Sexualethik groß geworden, so kann man von ihm nicht unbedingt etwas anderes erwarten. Es ist daher nicht überraschend, dass diese Tatsachen sich auch in statistischen Studien bestätigen lassen.

Doch die Anwendung durch die Trauma-Erinnerungstherapie ist oft eine in der umgekehrten Richtung: Ist jemand vom Vater missbraucht worden, dann ist vermutlich bereits der Vater vom Großvater missbraucht worden. Das ist allerdings Unsinn. Es ist der Schluss von Symptomen auf Ursachen, den wir bereits kennengelernt haben. Vollends falsch wird die Anwendung dieser Theorie, wenn bereits der Missbrauch durch den Vater eine falsche Erinnerung ist und niemals stattgefunden hat.

Therapeutische Methoden

Wie oben festgestellt, ist eine suggestive Beeinflussung der entscheidende Schritt, der zur Entstehung falscher Erinnerungen führt, sowohl im psychologischen

Experiment als auch in Psychotherapien. Doch wurde auch bereits ausgeführt, dass falsche Erinnerungen meist nicht gleich bei geeigneten Suggestionen entstehen, sondern erst bei intensiver Beschäftigung damit. Das kann ohne Absicht des Therapeuten geschehen, wenn dieser in fahrlässiger Weise Vermutungen über die Vergangenheit des Patienten äußert. Hat der Therapeut aber das explizite Ziel, Erinnerungen an vermutete Traumata „wiederzugewinnen", – und das ist ja bei Trauma-Erinnerungstherapien der Fall – dann wird er gezielt Suggestionen geben, damit diese beim Patienten in der Zeit zwischen den Sitzungen eine innere Beschäftigung auslösen, und diese von Sitzung zu Sitzung wiederholen und verstärken.

Indirekte Suggestion

Dass Psychotherapien immer mit suggestiven Einflüssen verbunden sind, hatten wir gesehen. Daher stellt sich die Frage, welche Suggestionen wann legitim und wann als gefährlich abzulehnen sind. Eine klare Antwort ergibt sich aus den Grundprinzipien jeder heilenden Profession, die in dem uralten hippokratischen Eid formuliert sind. Dieser verpflichtet den Heiler, zum Nutzen seines Patienten zu wirken und Schaden von ihm abzuwenden. Suggestionen sind also so lange legitim, wie sie keinen Schaden anrichten können. Wenn aber die Gefahr besteht, dass der Patient dadurch Schaden erleidet, möglicherweise irreparablen Schaden, dann dürfen Suggestionen nicht angewendet werden. Diese Gefahr besteht immer, wenn der Therapeut Vermutungen über die Vergangenheit des Patienten äußert. Solche Vermutungen können starke suggestive Wirkungen haben. Wie gefährlich das sein kann, haben wir in dem zweiten Fallbericht gesehen.

Fragt man Therapierte danach, ob in ihrer Therapie die Suggestion sexuellen Missbrauchs in der Kindheit eine Rolle gespielt habe, so wird das häufig verneint. Das liegt daran, dass Suggestion äußerst subtil sein kann. Loftus und Mitarbeiter konnten bei Versuchen der Erinnerung an eine gezeigte Fotoserie zeigen, dass die einfache Erwähnung eines bestimmten Merkmals, das in der Fotoserie gar nicht vorhanden war, bei einem Drittel der Probanden eine falsche Erinnerung an dieses Merkmal erzeugte.[59]

Wie Forschungen gezeigt haben, bewirken bereits geringe und oft zufällige Reize, dass die Gedanken in eine bestimmte Richtung gehen (Priming). Es genügt also eine beiläufige Erwähnung sexueller Themen, die gar nicht auf den aktuellen Fall bezogen ist, um den Gedanken an sexuellen Missbrauch vorzubereiten, ohne dass eine explizite Suggestion stattfindet.

Direkte Suggestion

Auch direkte Suggestion kann subtil sein. Kaum ein Patient in einer Psychotherapie wird es als unangebracht zurückweisen, wenn der Therapeut fragt: „Können Sie sich vorstellen, dass Sie irgendwann in Ihrer Kindheit unangebrachte sexuelle Erfahrungen gemacht haben?" Doch eine derartige Frage ist bereits eine sehr direkte Suggestion und hat zur Folge, dass der Patient sich damit gedanklich befasst.

Oft bleibt es aber nicht bei solch subtilen Fragen. Insbesondere, wenn der Therapeut auf Grund einer der oben dargestellten Theorien die Überzeugung hat, der Patient sei missbraucht worden, kann die Suggestion auch so lauten: „Ich bin sicher, dass Sie in Ihrer Kindheit sexuell missbraucht wurden. Anders sind Ihre Symptome nicht zu erklären. Auch wenn Sie sich daran jetzt nicht erinnern können, Sie müssen daran arbeiten, diesen Missbrauch wieder ins Gedächtnis zu holen, wenn Sie von Ihren Symptomen geheilt werden wollen." Alle seriösen Ausbildungen oder Therapeutenverbände werden ein solches Vorgehen strikt ablehnen. Das bedeutet aber nicht, dass es nicht geschieht.

Direkte Suggestionen werden unterstützt durch die Stellung des Therapeuten als Fachperson und Autorität. Wenn er erklärt, er sei sich sicher, dass der Patient in seiner Kindheit sexuell missbraucht worden sei, auch wenn er sich nicht erinnere, werden viele Patienten sagen: „Er muss es ja wissen." Doch oft werden solche direkten Feststellungen von den Patienten abgelehnt: „Nein, ich bin nicht missbraucht worden. Das müsste ich doch wissen." Leider bedeutet eine derartige Ablehnung aber nicht, dass die Suggestion unwirksam ist, denn trotz dieser

Ablehnung werden sich die meisten Patienten gedanklich damit auseinandersetzen und damit den Prozess in Gang setzen, der der eigentlich wirksame bei der Entstehung falscher Erinnerungen ist.

Hypnose

Hypnose ist eine Methode, über deren Wirksamkeit sich Laien meist fantastische Vorstellungen machen. Doch sind unrealistische Vorstellungen zur Hypnose nicht auf Laien beschränkt, es gibt sie auch unter Fachleuten oder solchen, die sich dafür halten.[60] Hypnose ist publikumswirksam, und viele betrachten deren Ergebnisse als pure Wahrheit, auch wenn sie in den Zeitraum der kindlichen Amnesie oder sogar in vorgeburtliche Zeit zurückführt, was nach wissenschaftlicher Ansicht nicht möglich ist.

Hypnose ist ein Zustand tiefer Entspannung, in dem die normalen Gehirnfunktionen deutlich verändert sind, wie man mit bildgebenden Verfahren nachweisen konnte. Bestimmte Gehirnareale sind dabei in ihrer Aktivität stark reduziert. Der Name kommt von dem griechischen Wort Hypnos für Schlaf. Der hypnotische Zustand ist ein schlafähnlicher Trance-Zustand. Der Hypnotisierte kommt in diesen Zustand durch die sogenannte Induktion, bei der der Hypnotiseur ihn mit Aufgaben beschäftigt, die zwar seine Konzentration, nicht aber seine Kritik anfordern. Es kann sich dabei beispielsweise um monotone akustische oder optische Reize, Konzentration auf autonom ablaufende Vorgänge (Herzschlag, Atmung) oder ähnliche Beschäftigungen handeln. Es gibt eine Vielzahl von Induktionsmethoden. Ist der hypnotische Zustand erreicht, so ist der kritische Verstand des Hypnotisierten weitgehend inaktiv. Aus diesem Grund können Suggestionen, gegen die sich beim wachen Bewusstsein sofort der kritische Verstand des Patienten wehrt, gegeben werden, ohne dass er sich wehrt. Es wird auf diese Weise ein Eintritt der Suggestion in tiefere Bewusstseinsschichten erreicht. Die Suggestion wirkt nach Aufheben der hypnotischen Trance nach und führt dazu, dass sich der Patient mit der suggerierten Frage befasst. Forscher haben allerdings festgestellt, dass Hypnose nichts bewirken kann, was nicht auch ohne Hypnose suggeriert werden kann.[61]

Visuelle Vorstellung

Sehr starke Suggestionen gehen von Methoden der visuellen Vorstellung aus. Diese Methoden werden dann verwendet, wenn bereits eine Anfangssuggestion vom Patienten akzeptiert wurde, aber noch keine konkreten Erinnerungen dazu vorliegen. Der Therapeut kann jetzt den Patienten auffordern, sich den Vorgang eines sexuellen Missbrauchs bildlich vorzustellen. Geht der Patient darauf ein, so wird er sich in der Zeit zwischen den Sitzungen damit beschäftigen. Er muss sich dazu inneren Prozessen und Bildern überlassen, die ins Arbeitsgedächtnis gerufen, wieder gespeichert und wieder erneut abgerufen werden, kurz, den Prozessen, die im Spiel von Abruf und Neuspeicherung leicht zu falschen Erinnerungen führen können.

Besonders stark werden diese Suggestionen bei der sogenannten geführten Visualisation. Der Therapeut könnte z. B. den Patienten auffordern, die Augen zu schließen. Dann sagt der Therapeut dem Patienten, was er sich vorstellen soll. Wenn es dem Therapeuten gelingt, lebensechte Beschreibungen zu geben, dann können die entstehenden Bilder beim Patienten sehr intensive Gefühle hervorrufen. Diese Gefühle sorgen dafür, dass die Bilder im Gedächtnis bleiben und nicht vergessen werden.

Schreibarbeit

Eine sehr einfache Methode, die innere Beschäftigung des Patienten mit einem vermuteten sexuellen Missbrauch in Gang zu setzen, ist es, dem Patienten die Aufgabe zu erteilen, bis zur nächsten Sitzung aufzuschreiben, was ihm zu sexuellem Missbrauch einfällt. Schreibarbeit als Methode ist vollkommen unproblematisch, aber sie bewirkt, dass vorher gegebene Suggestionen verinnerlicht werden und dass die Prozesse in Gang gesetzt werden, die die eigentlich wirksamen beim Aufbau falscher Erinnerungen sind.

Körperarbeit

Körperarbeit ist ein Gegenstück zu der mental wirksamen Schreibarbeit. Sie steht meist im Zusammenhang mit der oben beschriebenen Theorie von Bessel van der Kolk. Durch körperliche Übungen soll das Gefühl für den eigenen Körper intensiviert werden. Sollten dabei körperliche Gefühle auftauchen, insbesondere im Genitalbereich, so können sie im Sinne von „the body keeps the score" als Anzeichen eines erlittenen Missbrauchs gedeutet werden.

Verstärkende Interpretation

Bringt der Therapeut den Patienten dazu, sich intensiver mit der Frage zu befassen, ob er wirklich sexuell missbraucht wurde, dann wird dieser über kurz oder lang irgendwelche inneren Bilder haben. Das können hartnäckige Vorstellungen, Flashbacks oder Trauminhalte sein. Werden sie vom Therapeuten als reale Erlebnisse interpretiert, werden sie zu Kristallisationskeimen für falsche Erinnerungen.

Therapiebegleitende Literatur

Therapeuten können die Suggestion aber auch anderen überlassen, zum Beispiel Buchautoren. Ein Buch, das sehr häufig als therapiebegleitende Lektüre empfohlen wird, ist das bereits erwähnte Buch

„*Trotz Allem*" von Bass und Davis, das in sehr wirksamer Weise suggeriert, fast jede Frau sei missbraucht worden. Eine Reihe weiterer Bücher, die die oben vorgestellte *Die Rituelle Gewalt/Mind Control-Theorie* unterstützen und besonders schwere Fälle bzw. Fälle rituellen Missbrauchs beschreiben sind „*Multiple Persönlichkeiten*" von Michaela Huber,[62] „*Rotkäppchens Schweigen*" von Martha Schalleck[63] und „*Vater unser in der Hölle*" von Ulla Fröhling.[64] Die entsetzlichen Berichte in den letztgenannten Büchern bewirken allerdings gespaltene Reaktionen bei den Lesern. Unkritische, emotional beeinflussbare Leser und Leserinnen werden denken: Welch entsetzliche Welt, sollte ich vielleicht auch davon betroffen sein? Kritische Leser jedoch werden erkennen: Das alles ist vollkommen unmöglich, das ist offenbar eine Verschwörungstheorie.

Gruppentherapien

Eine letzte Methode ist noch zu erwähnen, die u. U. erhebliche suggestive Wirkungen und/oder Verstärkungen mit sich bringt: Die Gruppentherapie. Fasst ein Psychotherapeut in einer Therapiegruppe tatsächlich Missbrauchte oder von falschen Missbrauchserinnerungen Überzeugte und andere in allen möglichen Stadien der Therapie zusammen, so kommt es in diesen Gruppen häufig zu einer Art Wettstreit, wer denn die schlimmsten Erfahrungen in seinem Leben aufzuweisen hat. Es bedarf schon erheblicher

Charakterstärke nicht missbrauchter Personen, sich gegenüber einer solchen „Übermacht" hinzustellen und zu sagen: „Ihr könnt mir die schlimmsten Geschichten erzählen, ich habe so etwas nicht erlebt."

Der „Krankheitsgewinn"

Das Wort *Krankheitsgewinn* bezeichnet nach Wikipedia „die objektiven und/oder subjektiven Vorteile, die ein (tatsächlich oder vermeintlich) Kranker aus seiner Krankheit bzw. die ein Patient aus seiner Diagnose zieht." Wenn Patienten von Psychotherapien einen Krankheitsgewinn aus der therapeutischen Diagnose ziehen, dann hat das zur Folge, dass die Diagnose vom Patienten leichter akzeptiert und als hilfreich verstanden wird. Das gilt auch dann, wenn dieser Krankheitsgewinn in Wirklichkeit das Problem verstärkt.

Die Opferrolle

In seinem Buch *Ich leide, also bin ich: Die Krankheit der Moderne* behandelt Pascal Bruckner das Phänomen, dass Trauma und Leiden eine besondere Wertschätzung im öffentlichen Bewusstsein erfahren.[65] Diese Tatsache wird vielfach von Patienten in Psychotherapien als Krankheitsgewinn verstanden: „Seht her, ich bin ein Opfer!" Stoffels zeigt auf, dass speziell im Zusammenhang mit der Psychotherapie erlittener Traumata das Opferbewusstsein eine wichtige Rolle spielt.[66] Wer ein Opfer ist, kann das Mitgefühl anderer und Schonung beanspruchen. Man ernennt sich selbst zum Märtyrer und kann der Aufmerksamkeit seiner Umwelt und des Verständnisses für Schwäche oder Versagen gewiss sein.

Vermeiden von Verantwortung

Hand in Hand mit der Opferrolle steht ein weiterer, sehr wichtiger Krankheitsgewinn: Wer ein Trauma erlitten hat, wie es sexueller Missbrauch darstellen kann, der hat einen Grund gefunden, warum er weniger leistungsfähig, weniger robust, empfindlicher als andere sein muss. Diese Personen sind der Verantwortung für eigenes Versagen enthoben. Und das kommt manchen (unbewusst) sehr gelegen. Unter den dem Autor vorliegenden Fällen, in denen falsche Erinnerungen an sexuellen Missbrauch eine Rolle spielen, sind auffallend häufig solche, in denen die Therapierten als sehr begabt beschrieben werden. In der Schule haben sie keine Probleme gehabt und sich nie wirklich anstrengen müssen. Doch in der späteren Ausbildung oder im Beruf sind oft andere Kriterien für Erfolg maßgeblich. Jetzt geht es nicht mehr so leicht. Dann suchen diese Personen oft die Gründe dafür überall, nur nicht bei sich selbst. Vermutet ihr Therapeut dann sexuellen Missbrauch in der Kindheit, so wird diese Vermutung gerne akzeptiert, denn jetzt ist endlich der Schuldige für ihr Versagen gefunden. Wenn auf diese Weise falsche Erinnerungen an sexuellen Missbrauch entstehen, dann ist ein beherrschbares Problem durch ein weitaus schlimmeres abgelöst worden.

Folgen falscher Erinnerungen an sexuellen Missbrauch

Nachdem wir uns mit der Frage befasst haben, wie es zu falschen Erinnerungen an sexuellen Missbrauch kommt bzw. kommen kann, geht es jetzt um die Folgen. Und die sind schlimm, in vielen Fällen weitaus schlimmer als die Folgen eines tatsächlichen Missbrauchs. Das liegt daran, dass die psychischen Folgen für Personen mit falschen Erinnerungen an sexuellen Missbrauch sich wenig von denen für tatsächlich Missbrauchte unterscheiden. Bei falschen Erinnerungen aber kommt hinzu, dass völlig Unschuldige beschuldigt und u. U. sogar verurteilt werden, und dass meist eine Familie daran zerbricht.

Man sollte sich immer darüber im Klaren sein, dass alle diese furchtbaren Folgen im schlimmsten Fall grundlos eine vollkommen intakte Familie treffen, jedenfalls aber nur deshalb eintreten, weil in einer Therapie Methoden verwendet werden, von denen seriöse Richtlinien dringend abraten, und die in Unkenntnis oder Ablehnung der Ergebnisse wissenschaftlichen Psychologie fälschlicherweise als Hilfe für Betroffene angesehen werden.

Folgen für die Therapierten

Das Leben im Bewusstsein, missbraucht zu sein

Ist jemand tatsächlich missbraucht worden, so sind es in den seltensten Fällen physische Beschädigungen, die auf die Dauer übrigbleiben und diese Personen belasten. Die u. U. schweren Schäden sind psychischer Art. Die werden aber nicht vom Körper verursacht, sondern von dem, was im Gedächtnis und der Erinnerung zurückgeblieben ist.

Wie wir oben betont haben, haben aber Gedächtnisinhalte kein Merkmal, ob sie auf ein Erlebnis zurückgehen oder ob das nicht der Fall ist. Auch wenn es Pseudoerinnerungen sind, zu denen es kein wirkliches Erlebnis gibt, sind doch die Betroffenen davon fest überzeugt. **In ihrem Bewusstsein sind sie wirklich missbraucht worden!** Deshalb unterscheiden sich auch die psychischen Verletzungen nicht von denen tatsächlich Missbrauchter.

Allein das Bewusstsein, missbraucht zu sein, ist eine schwere Belastung. Der Philosoph Ian Hacking bezeichnet im Falle multipler Persönlichkeiten das Ergebnis der Therapie als ein falsches Bewusstsein, das *„… dem Wachsen und Reifen einer Person, die sich selber kennt, zuwiderläuft. Es läuft dem zuwider, was die Philosophen Freiheit nennen. Es läuft unserer besten Auffassung dessen zuwider, was es heißt, ein Mensch zu sein."*[67] Diese Aussage gilt wohl nicht nur für multiple Persönlichkeiten, sondern für alle, die falsche Erinnerungen entwickelt haben.

Psychische Störung als Folge

Es gibt aber noch einen weiteren Grund, warum die Fälle falscher Erinnerungen für die betreffenden Personen oft schlimmer sind als reale Fälle. Der liegt in dem Entstehungsmechanismus der Pseudoerinnerungen und dem schrittweisen Aufbau, in dessen Natur es liegt, dass alles, was man sich vorstellen kann, zum Inhalt dieser Erinnerungen werden kann. Daher gehen Fälle falscher Erinnerungen häufig von weitaus dramatischeren und schwereren Tatbeständen aus wie reale Fälle.

Wenn ein schweres Trauma vorliegt, dann kann eine posttraumatische Belastungsstörung (Posttraumatic Stress Disorder, PTSD) entstehen. Tatsächlich wird diese Störung auch sehr häufig von den Psychotherapeuten diagnostiziert. Ob diese Diagnose formal gerechtfertigt ist oder nicht – was bei falschen Erinnerungen sehr zweifelhaft ist – es liegt jedenfalls eine Störung vor, deren Symptome denen einer PTSD ähneln. Was allerdings diese Fälle gründlich unterscheidet von beispielsweise einer PTSD als Folge eines Kriegstraumas: Die Therapie ist nicht wegen der Störung aufgesucht worden, sondern die Symptome der Störung sind erst in der Therapie entstanden. Meist wird diese Störung in der Psychotherapie auch nicht aufgelöst und sie belastet die Betreffenden weiterhin. Einzelheiten dazu weiter unten unter *Zusammenhänge mit psychischen Störungen*.

Der Verlust der Familie und/oder der vertrauten Lebenssituation

Häufig ändert sich unter dem Einfluss des Therapeuten als Erstes die Bewertung der eigenen Kindheit, bevor falsche Missbrauchserinnerungen aufgebaut werden können. Auch wenn die Therapierten anfänglich ihre Kindheit als glücklich in Erinnerung haben, eine Kindheit ohne schwierige, belastende, bedrückende Seiten gibt es kaum. Werden diese vom Therapeuten in den Vordergrund gerückt, so kann das, was vor der Therapie noch eine glückliche Kindheit war, die Hölle gewesen sein. Dann wird auf einmal die Trennung von der eigenen Familie nicht etwa als Verlust, sondern als Notwendigkeit empfunden.

Die Trennung von der Familie ist oft gar nicht die Entscheidung der Therapierten, sondern der Therapeuten, die einen Kontakt mit der Familie und der vertrauten Umgebung für schädlich halten. Wenn es das Ziel des Therapeuten ist, Erinnerungen an sexuellen Missbrauch „aufzudecken", dann kann der Kontakt zur Familie im Sinne dieses Ziels kontraproduktiv sein. Denn dann können aus der bisherigen Umgebung der Therapierten Informationen kommen, die dem Aufbau von Erinnerungen an einen angeblich verborgenen Missbrauch entgegenstehen. In jedem

Fall, auch wenn die Therapierten die Trennung von der Familie unterstützen, ist sie ein schwerer Verlust gegenüber der Situation vor der Therapie.

Folgen für zu Unrecht Beschuldigte

Persönliche Folgen

In Hunderten von Fällen falscher Beschuldigung durch die eigenen Kinder aufgrund therapeutisch induzierter falscher Erinnerungen an sexuellen Missbrauch herrscht große Übereinstimmung darüber, was für die Beschuldigten die schlimmste Folge ist: Das ist der Verlust der geliebten Kinder. Das beginnt fast immer bereits vor der Beschuldigung, denn ein Kontaktabbruch geht der Beschuldigung meist voraus. Im Gegensatz dazu sind die Fälle, in denen die Beschuldigten wütend auf ihre Kinder sind, die ihnen ein Verbrechen vorwerfen, das sie nicht begangen haben, seltener. Die meisten erkennen, dass diese Beschuldigung eine Folge der Psychotherapie ist und auf einer falschen Erinnerung beruht. Sie sehen ihre Kinder als Opfer, nicht als Missbrauchsopfer, sondern als Opfer ihrer Therapeuten.

Gesellschaftliche Folgen

Ob eine Beschuldigung zu Unrecht wesentliche gesellschaftliche Folgen hat, hängt von den Umständen des Falls ab. Solange von dieser Beschuldigung nichts nach außen dringt, sind keine Konsequenzen in der Umwelt zu erwarten. Wenn aber umgekehrt die nach ihrer Überzeugung Missbrauchten davon mit allen möglichen Bekannten sprechen, dann heißt es schnell: „Der Herr XY ist ein Kinderschänder." Dann brechen oft nicht nur die Kontakte zu den angeblich Missbrauchten, sondern auch zu Freunden und Bekannten ab.

Ob die Beschuldigten von sich aus ihre Freunde ins Vertrauen ziehen sollen, hängt davon ab, wie sicher sie ihnen vertrauen können und was sie dabei zu verlieren haben. Gute Freunde werden wissen, ob sie die Beschuldigung für begründet halten sollen. Seriöse Bekannte werden sich erst einmal jeden Urteils enthalten, denn sie können ja nicht wissen, was wirklich der Fall ist. Offenheit im Umgang spricht für Ehrlichkeit.

Die schlimmsten Fälle sind die, bei denen allein der Verdacht zu schweren existenzgefährdenden Konsequenzen wie dem Verlust der Kunden oder der beruflichen Stelle führt. Die erste Fallgeschichte war ein Beispiel für derartige Folgen.

Juristische Folgen

Oft folgt der Beschuldigung eine Anzeige. Sexueller Missbrauch ist ein Offizialdelikt. Die Staatsanwaltschaft muss es verfolgen, ganz gleich, von wem die Anzeige kommt. Nicht selten ist es der Therapeut, der eine Anzeige stellt, und nicht die therapierte Person. Einzelheiten dazu weiter unten unter *Rechtswesen*. Hier nur so viel: Eine Anzeige muss außerordentlich ernst genommen werden, auch wenn man weiß, dass das angezeigte Verbrechen nicht stattgefunden hat, denn wenn man dafür nicht handfeste Beweise hat, kann das Gericht der Anzeige Glauben schenken. Es ist sehr wichtig, anwaltlich gut vertreten zu sein. Sexualdelikte sind ein Spezialgebiet, in dem sich der Anwalt gut auskennen muss.

Eine Anzeige ist aber in den meisten Fällen für den Beschuldigten eine überaus kostspielige Angelegenheit, die ihn auch dann in den finanziellen Ruin treiben kann, wenn irgendwann seine Unschuld nachgewiesen wird. Allein die Rechtsanwaltskosten gehen schnell in die Zigtausende.

Es gibt nur Verlierer

In den Familien von Personen, die in Trauma-Erinnerungstherapien falsche Erinnerungen an sexuellen Missbrauch entwickelt haben, spielen sich oft Dramen ab: Wem soll man glauben? Den Therapierten? Den Vätern, die wissen, dass sie zu Unrecht beschuldigt werden? In einer solchen Situation entscheiden häufig Kriterien, die wenig mit erlebten Tatsachen zu tun haben. Familien zerfallen in Parteien, die der einen oder der anderen Seite Glauben schenken oder diejenigen, die sich heraushalten wollen. Oft brechen Familien in irreparabler Weise auseinander,

Ehen werden geschieden. Manchmal erweitern die Therapeuten in unwissenschaftlicher Anwendung der Theorie der transgenerationalen Verletzung den Missbrauchsverdacht auf die Großelterngeneration. Das Ende ist ein großer Scherbenhaufen, und nur die Therapeuten haben einen Gewinn davon gehabt, den materiellen Gewinn ihres Honorars und das Bewusstsein eines moralischen Gewinns, weil sie ja glauben, nicht nur den Therapierten geholfen, sondern auch ein schweres Verbrechen aufgedeckt zu haben.

Zusammenhänge mit psychischen Störungen

Bei den Zusammenhängen zwischen Trauma-Erinnerungstherapie und psychischen Störungen muss man drei Wirkungsmechanismen betrachten:

1. Eine vorhandene psychische Störung führt dazu, eine Psychotherapie aufzunehmen. Dieser Mechanismus ist trivial und bedarf keiner Diskussion. Insbesondere bei Therapeuten, die sexuellen Missbrauch für so etwas wie eine Universalursache psychischer Störungen halten, kann jede beliebige Störung zur Bildung falscher Erinnerungen führen.
2. Eine in einer Trauma-Erinnerungstherapie entstandene falsche Erinnerung hat eine psychische Störung zur Folge. Das ist bei PTSD und damit zusammenhängenden Störungen und vermutlich auch bei vielen Fällen von DIS der Fall.
3. Eine vorhandene psychische Störung hat eine Neigung, falsche Erinnerungen zu bilden oder Falschbeschuldigungen zu erheben, zur Folge. Dieser Mechanismus wird bei Borderline-Störungen beobachtet.

Posttraumatische Belastungsstörung (PTSD)

Diese Störung wurde ursprünglich bei Veteranen des Vietnamkriegs definiert und in den Diagnosekatalog DSM-III aufgenommen. In Wirklichkeit aber ist sie altbekannt und die Beschreibung der Symptome geht bis ins klassische Altertum zurück. Die Psychiatrie des 19. Jahrhunderts und der ersten Hälfte des 20. Jahrhunderts beschrieb sie unter Bezeichnungen wie „traumatische Hysterie", „Schreckneurose", „Kriegsneurose" oder „Überlebenden-Syndrom (nach KZ)".

Kriterien

Die Kriterien in den Diagnosekatalogen ICD-10 und DSM-5 sind weitgehend gleichwertig. Die wichtigsten Bedingungen für die Diagnose einer PTSD sind:

- Es muss ein erlebtes Trauma vorliegen.
- Es existieren anhaltende und belastende Erinnerungen an das traumatische Ereignis. Diese Erinnerungen werden häufig so realistisch erlebt, als sei man wieder in der eigentlichen traumatischen Situation (Flashback).
- Der Betroffene sucht jede Konfrontation mit Gedanken, Gefühlen und Reizen zu vermeiden, die mit dem traumatischen Erlebnis irgendwie zusammenhängen.

Das erste dieser drei Kriterien ist eine reine Vorsichtsmaßnahme gegen Fehldiagnosen, hat aber mit dem diagnostizierten Leiden selbst nichts zu tun. Beschreibungen, was als Trauma anzusehen ist, sind „außergewöhnliche Bedrohung", „katastrophenartig" (ICD) oder „Todesdrohung", „schwerwiegende Verletzung" (DSM). Erstmalig taucht auch in DSM-5 explizit „sexuelle Gewalt" als Trauma auf. Das traumatische Ereignis soll den weiteren Symptomen vorausgehen, die oft erst mehrere Monate später auftreten.

Das zweite Kriterium ist der Kern des Leidens dieser traumatisierten Menschen. Weil die Erinnerungen sehr belastend sind, ist es verständlich, wenn diesem Leiden das Vermeidungsverhalten des dritten Kriteriums folgt.

Wissenschaftler haben aber auch Indizien gefunden, dass das Vermeidungsverhalten der Störung vorausgehen kann. Einerseits ist bekannt, dass gerade der Versuch, an ein Ereignis nicht zu denken, zu dem paradoxen Ergebnis führen kann, dass die Betreffenden besonders häufig daran denken. Es wurde auch in Gruppen von Traumaopfern festgestellt, dass nur jeder fünfte eine PTSD entwickelte, und es waren gerade diejenigen, die von Anfang an versuchten, nicht mehr daran zu denken, im Gegensatz zu denen, die sich mit dem traumatischen Ereignis aktiv auseinandersetzten.[68] Das würde bedeuten, dass die Vermeidungstendenz nicht nur Folge der Störung, sondern unter Umständen auch Teilursache wäre.

Es gibt noch eine Reihe anderer Kriterien, die bei einer PTSD auftreten können, aber nicht auftreten müssen. Dazu gehören unter anderem Schreckhaftigkeit, hohe Wachsamkeit, Aggressivität, Konzentrations- und Schlafstörungen. Eine PTSD wird nur dann diagnostiziert, wenn diese Störung mindestens einen Monat lang anhält. Verschiedene Studien haben gezeigt, dass beim Vorliegen einer PTSD die subjektiv empfundene traumatische Belastung im Laufe der Zeit meist nicht abklingt und oft sogar zunimmt, während ohne PTSD die subjektiv empfundene Belastung in der Regel abnimmt.[69] Die Frage, warum nach einem schweren Trauma eine PTSD zwar auftreten kann, aber keineswegs auftreten muss, ist Gegenstand psychologischer Forschung.

Zusammenhang mit der Trauma-Erinnerungstherapie

Nach den obigen Kriterien kann eine PTSD am Beginn einer Trauma-Erinnerungstherapie gar nicht diagnostiziert werden, denn es gibt weder ein feststellbares Trauma noch sich aufdrängende Erinnerungen daran. Trotzdem wird diese Störung als Verlaufsdiagnose sehr häufig in Trauma-Erinnerungstherapien gestellt, denn wenn falsche Erinnerungen an sexuellen Missbrauch entstehen, wird dies ja vom Therapeuten als ein vorausgehendes Trauma angesehen. Wäre es aber wirklich ein reales Trauma, so hätten bei Beginn der Therapie wenigstens die sich aufdrängenden Erinnerungen da sein müssen. Die Diagnose ist daher in jedem Fall fehlerhaft.

PTSD-ähnliche Störung bei falschen Erinnerungen

Obwohl die Diagnose fehlerhaft ist, wird oft im Laufe einer Trauma-Erinnerungstherapie ein Zustand erreicht, der dem einer PTSD sehr ähnlich ist. An die Stelle eines real existierenden Traumas tritt ein vermutetes. Die sich aufdrängenden Erinnerungen stellen sich im Laufe der Zeit tatsächlich ein, wenn es auch falsche Erinnerungen sind. Schließlich kommt das Symptom hinzu, dass sich die Betroffenen Patienten nicht mit den Erinnerungen auseinandersetzen, sondern ein ausgeprägtes Vermeidungsverhalten entwickeln. Diese Symptome bleiben in der Regel auch nach dem Abschluss der Therapie erhalten.

Das brachte den Gedächtniswissenschaftler John Kihlstrom dazu, ein *false memory syndrome* zu definieren und als eine Störung zu charakterisieren. Diese Bezeichnung wird häufig angegriffen, weil manche Therapeuten die Bezeichnung „Syndrom" für Dinge reservieren wollen, die in Diagnosekatalogen stehen (was allerdings nicht zur Definition des Wortes „Syndrom" gehört). Unabhängig von der Frage, ob man es als Syndrom bezeichnen sollte oder nicht, ist Kihlstroms Definition bemerkenswert, weil sie eine sehr gute Beschreibung liefert:

… ein Zustand, bei dem die Identität einer Person und ihre zwischenmenschlichen Beziehungen um eine Erinnerung an eine traumatische Erfahrung zentriert sind, die zwar objektiv falsch ist, an die diese Person jedoch fest glaubt. Das Syndrom ist nicht durch falsche Erinnerungen als solche gekennzeichnet. Wir alle haben ungenaue Erinnerungen. Vielmehr kann man das Syndrom feststellen, wenn diese Erinnerung so tief verinnerlicht ist, dass sie die gesamte Persönlichkeit und ihren Lebensstil bestimmt und alle Arten angepassten Verhaltens verhindert. Die Analogie zu Persönlichkeitsstörungen ist beabsichtigt. Das False Memory Syndrom ist besonders schädlich, weil die Person beharrlich jede Konfrontation mit allen Beweisen vermeidet, die die Erinnerung in Frage stellen könnten. Auf diese Weise bekommt diese ein Eigenleben, abgekapselt und nicht korrigierbar. Die Person kann so sehr auf Erinnerung fokussiert sein, dass sie praktisch von der Auseinandersetzung mit den realen Lebensproblemen abgehalten wird.[70]

Die Therapierten leiden sehr unter dieser Störung und sollten daher eigentlich an einer Verbesserung ihres Zustands interessiert sein. Dafür müssten sie sich aber mit den Ursachen beschäftigen, und dem steht die starke Vermeidungshaltung entgegen. Wegen der Analogie zur PTSD wurde in der Literatur deshalb auch von einer *posttherapeutischen* Belastungsstörung gesprochen.[71] Es ist geradezu eine Ironie: Haben sich die Klienten in ihrer Therapie intensiv damit befasst, was in der Vergangenheit gewesen sein könnte, und sind sie zu einer Überzeugung gelangt, dann gehen sie allen weiteren Informationen darüber aus dem Weg.

Sollte die oben erwähnte zeitliche Zunahme der subjektiv empfundenen traumatischen Belastung bei PTSD auch für diese Fälle zutreffen, so wäre es kaum verwunderlich, wenn die Trauma-Erinnerungstherapie keine überzeugenden Heilerfolge nachweisen kann. Denn von einem solchen Erfolg kann man sicher nicht sprechen, wenn der Therapierte anschließend nicht in der Lage ist, sich mit Fakten aus der Vergangenheit auseinanderzusetzen.

Es spricht sehr viel dafür, dass Kihlstrom auf der richtigen Spur war, als er das false memory syndrome bewusst in Analogie zu psychischen Störungen definierte. Ob er den Zusammenhang mit einer PTSD gesehen hat, lässt sich aus seiner Definition nicht entnehmen. Leider gibt es zu dieser Störung, soweit dem Autor bekannt, keine wissenschaftlich-psychologischen Forschungsergebnisse. Dabei wäre das sehr wünschenswert. Man muss jedoch auch sehen, dass eine solche Forschung mit größten Schwierigkeiten verbunden wäre. Dabei wäre „politische Unerwünschtheit" wohl das kleinste Problem. Vor allem aber müssten die Versuchspersonen aus dem Kreis derer gewählt werden, die unter dieser Störung leiden. Doch gerade diese Personen würden auf Grund ihrer Vermeidungshaltung eine Teilnahme an einer wissenschaftlichen Studie vermutlich ablehnen. Ob sich diese Schwierigkeit mit einem sehr raffinierten Versuchsdesign überwinden lässt, sei dahingestellt.

Diese Störung und das manchmal geradezu panische Ausweichen vor einer Auseinandersetzung mit relevanten Fakten dürfte auch einer der Gründe dafür sein, dass die Therapierten, die falsche Erinnerungen an sexuellen Missbrauch entwickelt haben, nur zum kleinsten Teil den Kontakt mit den vermuteten Tätern in der Familie, also meist ihren Vätern, wieder aufnehmen, ganz zu schweigen von einem Widerruf ihrer Beschuldigung oder der Erkenntnis, dass das Ganze Resultat einer falsch geführten Psychotherapie ist.

Borderline-Störung

Die Bezeichnung *Borderline* wurde bereits 1884 von C. H. Hughes für Störungen benutzt, die an der Grenze (= *borderline*) zwischen psychotischen und psychisch gestörten Merkmalen liegen. Es dauerte aber noch lange, bis dahinter eine zusammenhängende Struktur identifiziert wurde. Vor allem die Arbeiten von Otto F. Kernberg führten dazu, dass diese Persönlichkeitsstörung in den Diagnosekatalog DSM-III aufgenommen wurde. Seitdem hat sich die Definition sinngemäß nicht wesentlich verändert.

Kriterien

Im Grunde sind die Formulierungen der diagnostischen Kriterien in den Diagnosekatalogen ICD-10, DSM-IV und DSM-5 weitgehend gleichwertig. Wenn ich hier zur Erläuterung die ältere Version DSM-IV und nicht die aktuelle Version DSM-5 wähle, so deshalb, weil die Formulierung im DSM-5 komplexer gegliedert und für ein erstes Verständnis weniger geeignet ist als die ältere Version. Nach DSM-IV gelten folgende Kriterien, die hier verkürzt und vereinfacht formuliert werden:[72]

1. Verzweifelte Bemühungen, der Angst, verlassen zu werden, zu entkommen.
2. Sehr intensive, aber instabile Beziehungen zu anderen, die wechselweise idealisiert oder abgewertet werden (Schwarz-Weiß-Sicht).
3. Unsicheres Selbstbild.
4. Impulsives, oft selbstschädigendes Verhalten (Drogen, Bulimie, hochriskantes oder rücksichtsloses Verhalten).
5. Suizid-Versuche, -Drohungen oder -Fantasien, Selbstverletzungen.
6. Stark schwankende Stimmung (Depression, Euphorie, Angstzustände), oft nur für die Dauer von Stunden oder Tagen.
7. Chronisches Gefühl der Leere.
8. Unangemessene, schwer kontrollierbare Zorn- und Wutausbrüche.
9. Vorübergehende Wahnvorstellungen oder dissoziative Merkmale.

Diese neun Kriterien hängen enger zusammen, als man auf den ersten Blick sieht. So kann das unsichere Selbstbild (Kriterium 3) zur Abhängigkeit von wichtigen Bezugspersonen führen (Kriterium 1), die in plötzlicher Abwertung häufig zum Generalschuldigen für alles, was im Leben schief geht, gemacht werden (Kriterium 2) und auf die man zu Recht wütend sein darf (Kriterium 8). In dieser und ähnlicher Weise sind alle neun Kriterien miteinander verflochten und gerade diese Verflechtung macht die Borderline-Störung aus.

Die Festlegung des DSM-IV, dass fünf der neun Kriterien für eine Diagnose erfüllt sein müssen, ist willkürlich und trägt nicht der Tatsache Rechnung, dass es unterschiedlich schwere Ausprägungen dieser Störung gibt. Auch kann es vorkommen, dass Persönlichkeiten mit ausgeprägter Borderline-Störung im Laufe der Zeit alle neun Kriterien zeigen, jedoch niemals fünf davon gleichzeitig, so dass die diagnostische Schwelle niemals erfüllt ist. Aus diesem Grunde werden auch erfüllte Einzelkriterien oft als Hinweis oder Verdachtsmoment für eine Borderline-Störung gewertet. Es kommt hinzu, dass die Kriterien 1, 3, 7 und 9 nur schwer aus dem äußerlich sichtbaren Verhalten der Betreffenden zu erkennen sind. Erst im Diagnosekatalog ICD-11 wird auch der Schweregrad der Störung mit beurteilt.[73]

Die scheinbare Zusammenhanglosigkeit der neun Kriterien ist der Grund dafür, dass die Borderline-Störung historisch erst spät erkannt wurde. Die einzelnen Kriterien gibt es nämlich auch als isolierte Störungen oder im Zusammenhang mit anderen Krankheitsbildern. Oft wurden Einzelmerkmale wie z. B. eine Bulimie ohne durchgreifenden Erfolg therapeutisch behandelt, weil die dahinterstehende Borderline-Störung nicht erkannt wurde. Psychoanalytische Therapeuten waren die ersten, die in den 60er-Jahren des vorigen Jahrhunderts die Borderline-Störung erkannten, vermutlich weil die psychoanalytische Methode den Patienten ganzheitlicher betrachtet als andere Therapien. Aus der psychoanalytischen Tradition kommen auch die wichtigsten Standardwerke über die Borderline-Störung[74] und die meisten Theorien über die Ursachen der Störung. Die klassische Psychoanalyse war allerdings bei der Behandlung dieser Störung weniger erfolgreich. Erfolgreiche Therapiemethoden kommen meist aus der Verhaltenstherapie oder sind erheblich modifizierte analytische Methoden.[75]

Obwohl die Borderline-Störung erst spät erkannt wurde, ist sie keineswegs selten. Im Gegenteil, sie ist wahrscheinlich die häufigste Persönlichkeitsstörung. Man schätzt, dass 2 – 5 % der Bevölkerung an einer ernsthaften Borderline-Störung leiden und dass 10 – 15 % Teilkriterien der Störung erfüllen. Eine Neigung zum einen oder anderen Kriterium kann fast jeder normale Mensch bei sich selbst feststellen.

Zusammenhang mit sexuellem Missbrauch

Als Ursachen der Störung wurden meist Kindheitstraumata benannt. Sexueller Missbrauch schob sich aber erst im Rahmen der *memory wars* in den 90-er Jahren als vorwiegende Ursache der Borderline-Störung in den Vordergrund, dann aber zeitweilig mit ideologischer Ausschließlichkeit. Oft wurde von einer diagnostizierten Borderline-Störung auf sexuellen Missbrauch in der Kindheit geschlossen, ohne dass es dafür eine wissenschaftliche Grundlage gibt. Inzwischen ist man wesentlich vorsichtiger geworden, weil festgestellt wurde, dass sehr viele Missbrauchsberichte von Personen mit Borderline-Störung nicht erlebnisbasiert sind.[76]

Heute geht man davon aus, dass die Störung in vergleichbarem Maß durch genetische Faktoren und durch Entwicklungseinflüsse hervorgerufen wird. Unter Letzteren könnte vor allem die Trennung von wichtigen Bezugspersonen in den ersten Lebensmonaten und -jahren von Bedeutung sein. Sexueller Missbrauch dürfte eine eher untergeordnete Rolle spielen.

Die Borderline-Störung bei der Bildung falscher Erinnerungen

Nachdem wir hier ein knappes Bild der Borderline-Störung entworfen haben, wenden wir uns jetzt dem Zusammenhang dieser Störung mit falschen Erinnerungen an sexuellen Missbrauch und entsprechenden Falschbeschuldigungen zu. Dass die Diagnose der Borderline-Störung dabei eine gewisse Rolle spielt, konnte man in den letzten Jahren bei mehreren spektakulären Rechtsfällen sehen, in deren Zuge Unschuldige teils jahrelange Gefängnisstrafen verbüßten, bis ihre Fälle einer Wiederaufnahme zugeführt werden konnten. Dabei stellte sich heraus, dass die Falschbeschuldigung in ursächlichem Zusammenhang mit einer Borderline-Störung stand, an der die beschuldigende Person litt.[77] Doch auch in weit weniger spektakulären Fällen dürfte die Borderline-Problematik eine wichtige Rolle spielen. Hinweise dazu finden wir in einer Vielzahl von Berichten über Falschbeschuldigungen, bei denen die beschuldigenden Personen häufig Einzelkriterien der Störung erfüllen, ohne dass daraus eine Borderline-Störung in voller Ausbildung geschlossen werden kann.

Wir haben dieses Büchlein mit einem fiktiven, aber sehr charakteristischen Fallbericht eröffnet, dem Fall der Familie Meier. Dieser Fallbericht enthält einige der typischen Hinweise auf eine mögliche Borderline-Störung bei der Tochter Sabine Meier (die jeweiligen Kriterien nach DSM sind als Zahlen in Klammer angegeben): Das beginnt mit der Erwähnung einer Bulimie-Phase (4), setzt sich fort mit dem Schwarzer-Peter-Spiel beim Studium (Problem mit Dozenten) und in der Referendarzeit (Direktorin), während die ältere Kollegin idealisiert wird und großen Einfluss gewinnt (2). Dann kippt das Verhältnis zu den Eltern von liebevoller Beziehung schlagartig zu totaler Abwertung um (2), die sich in einem plötzlichen Wutausbruch gegenüber dem Vater Bahn bricht (8).

Man kann die besondere Gefährdung der Borderline-Persönlichkeit, Opfer von therapeutischen

Suggestionen zu werden, aus den Kriterien der Störung erkennen, wie hier in einigen Beispielen gezeigt wird:

- Wegen beliebiger Lebensprobleme, die es bei der Borderline-Persönlichkeit immer gibt, wird häufig eine Psychotherapie aufgenommen.
- Aufgrund ihrer geringen Selbstsicherheit (3) gerät die Borderline-Persönlichkeit rasch in Abhängigkeit vom Therapeuten, idealisiert ihn (2) und hat Angst, dessen Zuneigung zu verlieren, wenn sie dessen Vorstellungen nicht akzeptiert (1).
- Das instabile Selbstbild (3), die starken Stimmungsschwankungen (6) und vor allem die drohende innere Leere (7) machen die Borderline-Persönlichkeit sehr empfänglich für Suggestionen.
- Während bei stabilen Persönlichkeiten die Wertschätzung der Bezugspersonen ebenfalls stabil und realistisch ist, kann bei der Borderline-Persönlichkeit sich auf entsprechende Suggestion des Therapeuten hin ein schlagartiger Schwarz-Weiß-Wandel vollziehen (2), wobei die Neigung zu dissoziativen Symptomen (9) dazu beiträgt, dass gleichzeitig alle guten Erfahrungen mit der betreffenden Person ausgelöscht werden.
- Die abgewertete Bezugsperson (meist der Vater) wird zum Ziel von Wut (8), die jede Maßnahme gegen diese Person rechtfertigt. Dabei schreckt die Borderline-Persönlichkeit auch nicht vor Schritten zurück, die sie selbst schädigen (4).

- Die vorhandene dissoziative Neigung (9) kann bei einem entsprechend eingestellten Therapeuten leicht zur Identifikation von alternativen Persönlichkeiten und zur Erzeugung und Stabilisierung einer dissoziativen Identitätsstörung führen.

Diese Liste lässt sich fortsetzen. Besonders gefährlich wird die Borderline-Persönlichkeit in der Beschuldigung der abgewerteten Bezugsperson: Es ist nämlich bei der Borderline-Persönlichkeit häufig unklar, ob es sich um falsche Erinnerungen oder um eine absichtliche Falschbeschuldigung handelt. Diese beiden Möglichkeiten müssten sich eigentlich logisch ausschließen. Doch diese Logik gilt bei der Borderline-Persönlichkeit nicht immer. Aufgrund ihrer dissoziativen Fähigkeiten kann eine Borderline-Persönlichkeit zeitweilig wissen, dass es keinen sexuellen Missbrauch gegeben hat, und zu anderen Zeiten davon fest überzeugt sein. Auch kann die Wut auf die Zielperson einen Grad annehmen, bei dem auch eine wissentliche Falschbeschuldigung gerechtfertigt erscheint.

Dissoziative Identitätsstörung (DIS)

Die dissoziative Identitätsstörung wurde schon verschiedentlich erwähnt, so bei der dritten und vierten Fallgeschichte, bei den Theorien der Trauma-Erinnerungstherapie oder im Zusammenhang mit dem

Buch *Sybil*. Sie ist für das Thema dieses Buches von besonderer Bedeutung.

Dissoziative Phänomene sind altbekannt. Es waren vor allem Freuds Kollegen, die Brüder Jules[78] und Pierre[79] Janet, die sich schon im 19. Jahrhundert mit dissoziativen Störungen, d. h. mit Störungen befassten, die eine Persönlichkeitsspaltung als Symptom zeigen. Bereits seit 1875 wurden Fälle von Persönlichkeitsspaltung medizinisch beobachtet. Doch diese teils sorgfältig wissenschaftlich untersuchten Fälle blieben seltene Erscheinungen. Damals wurden fast nur Persönlichkeitsspaltungen in zwei Persönlichkeiten beschrieben, 1885 erschien der erste Fall einer Person, die mehr als zwei Persönlichkeiten hatte. Die historische Entwicklung ist bei Spanos[80] und sehr ausführlich bei Hacking[81] berichtet.

Im Gegensatz dazu entwickelten sich in den USA seit den 70-er Jahren, nach dem Erscheinen des Buches *Sybil* und in zeitlicher Parallele zu den induzierten Missbrauchserinnerungen in rasch zunehmender Zahl Fälle, bei denen die Zahl der Innenpersönlichkeiten weit größer war. Typische Fälle hatten 10 bis 20 Innenpersönlichkeiten, doch es wurden auch Fälle mit einigen Hundert Innenpersonen berichtet, daher die frühere Bezeichnung *multiple Persönlichkeit*. Die multiple Persönlichkeitsstörung wurde von der American Psychiatric Association 1980 in den Katalog DSM-III der psychischen Störungen aufgenommen (zu Diagnosekatalogen siehe den Abschnitt *Krankenkassen und Diagnosekataloge* im Kapitel *Institutionen*). In den Folgeversionen (DSM-IV von 1996 und DSM-5 von 2013) wurde dieser Eintrag modifiziert. Das dürfte unter anderem geschehen sein, weil bei vielen Fällen multipler Persönlichkeiten zumindest die Vermutung bestand, dass keine eigentliche psychische Störung zugrunde lag, sondern das Phänomen durch die Therapie erzeugt worden war. Da andererseits wenig Zweifel daran besteht, dass es psychische Störungen gibt, die durch Persönlichkeitsspaltung charakterisiert sind, wurde der Eintrag in dissoziative Störungen umbenannt, wobei die bisherigen multiplen Persönlichkeiten die Untergruppe *Dissoziative Identitätsstörung* (DIS) bilden.

Über die Zahl der unterschiedlichen Innenpersönlichkeiten ist nur festgelegt, dass es mindestens zwei sein sollen. Als wichtiges Kriterium aber wurde festgelegt, dass eine Unfähigkeit besteht, sich an wichtige persönliche Informationen zu erinnern. Die Formulierungen im DSM-Katalog sind auch heute noch wissenschaftlich umstritten. Jedenfalls sind sich wissenschaftlich arbeitende Kliniker sicher, dass zum eigentlichen Störungsbild nur einige wenige Innenpersönlichkeiten gehören, und sie warnen davor, durch die Therapieführung die Zahl der Innenpersönlichkeiten iatrogen zu vermehren.[82]

Zwei Modelle über die Entstehung

Wissenschaftlich umstritten ist auch heute noch, wie es zu einer DIS kommt. Insbesondere von Klinikern wird das *Trauma-Modell* vertreten, das die

Entstehung auf ein in der Kindheit erlebtes Trauma zurückführt. Sie schließen das daraus, dass von vielen Patienten, die dissoziative Störungen aufweisen, traumatische Erlebnisse in der Kindheit berichtet werden. Es gibt viele Untersuchungen, die dieses Entstehungsmodell stützen. Der psychologische Sinn dieser Aufspaltungen sei dabei, die Hauptpersönlichkeit vor der Erinnerung an das Trauma zu schützen. Schwachpunkt dabei ist, dass die kindlichen Traumata zwar berichtet werden, aber nicht nachgewiesen sind. Mindestens zum Teil könnte es sich um falsche Erinnerungen handeln. Dann wäre dieses Modell eine selbstbestätigende Theorie. Mindestens in den Fällen, wo eine größere Zahl dissoziierter Persönlichkeiten auftritt, wie in dem dritten Fallbericht, ist das wahrscheinlich.

Das zweite Modell, das sogenannte *soziokognitive Modell*, geht zurück auf den Forscher Nicholas Spanos. Er rückt die multiplen Persönlichkeiten (so die damalige Bezeichnung) in die Nähe von posthypnotischen Zuständen, mit denen er sich beschäftigt hatte. Danach ist die Bildung unterschiedlicher Persönlichkeiten eine Art (unbewusstes) Rollenspiel als Reaktion auf die Erwartungen der Therapeuten. Damit wird eine iatrogene Genese angenommen. Dafür spricht auch, dass die Störung nicht oder nur selten vor der Aufnahme einer Therapie auftritt und dass eine verhältnismäßig kleine Zahl von Therapeuten über eine unverhältnismäßig große Zahl von Fällen berichtet.

Ist DIS wirklich eine psychische Störung?

Der dritte Fallbericht zeigt exemplarisch, wie die Diagnose DIS zustande kommen kann: Die Therapeuten benennen jede kleine Schwankung im Bewusstseinszustand ihrer Patienten, indem sie diesen Zuständen Persönlichkeiten zuordnen und Namen geben. Sie rufen diesen Bewusstseinszustand auch mit diesen Namen wieder hervor. Viele, insbesondere hochsuggestible Patienten erlangen im Übergang zwischen diesen benannten Innenpersonen schnell eine hohe Virtuosität.

Dabei gehören veränderliche Aspekte des persönlichen Befindens einfach zum Grundrepertoire aller Menschen, sicher in individuell unterschiedlichem Maße. Beschreibungen dazu ziehen sich durch die gesamte Literatur. Niemand wird dem Maler Paul Klee eine DIS mit diversen inneren Persönlichkeiten andichten wollen, doch findet sich eine perfekte Beschreibung davon in seinen Tagebüchern:

„Die Individualität ist nichts Elementares, sondern ein Organismus. Elementare Dinge unterschiedlicher Art wohnen da unmittelbar zusammen. Wenn man teilen wollte, stürben die Teile ab. Mein Ich ist beispielsweise ein ganzes dramatisches Ensemble. Da tritt ein prophetischer Urvater auf. Da brüllt ein brutaler Held. Da räsoniert ein alkoholischer Bonvivant mit einem gelehrten Professor. Da himmelt eine chronisch-verliebte Lyrica. Da tritt der Papa pedantisch dagegen. Da vermittelt der nachsichtige Onkel. Da tratscht die Tante Schwätz. Da kichert die Zofe

Schlüpfrig. Und ich schaue zu mit erstaunten Augen, die gespitzte Feder in der Linken. Eine schwangere Mutter will auftreten. Bscht!, rufe ich, du gehörst nicht hierher. Du bist teilbar. Und sie verblasst."[83] Der dritte Fallbericht und auch dieses Zitat von Paul Klee legen nahe, dass es sich bei DIS gar nicht um eine psychische Störung handeln könnte, sondern um einen iatrogen erzeugten Zustand, der auf der Tatsache beruht, dass Menschen einfach Stimmungen haben und der Umwelt nicht immer das gleiche Persönlichkeitsbild zeigen. Insbesondere bei sehr fantasievollen Menschen sind sehr unterschiedliche Erscheinungsformen normal.

Eine interessante Quelle zur dissoziativen Identitätsstörung findet man in einer wissenschaftlichen Studie von Hasselmann.[84] Die Autorin hat mit 14 Personen, die sich als multipel verstehen, persönlich gesprochen und Ausschnitte aus diesen Interviews wörtlich wiedergegeben. Viele der Merkmale, die die Gesprächspartner bei sich selbst als Kennzeichen einer dissoziativen Identitätsstörung ansehen, sind Erfahrungen, die viele Menschen aus eigenem Erleben kennen, aber kaum auf die Idee kämen, sich deshalb als dissoziativ zu betrachten. Die Gesprächspartner berichten aber auch selbst vielfach von Zweifeln, die sie in Foren oder Selbsthilfegruppen der multiplen Existenz anderer und gelegentlich auch an ihrer eigenen DIS-Diagnose empfinden. Auch die Gewalterinnerungen vieler Gesprächspartner sind mit Zweifeln und Unsicherheit belastet, was daran echte Erinnerung und was Fantasie ist, doch werden die Zweifel auch der Aufspaltung in verschiedene Innenpersonen zugeschrieben. Dass Erinnerungen Schritt für Schritt im Rahmen der Therapie aufgetaucht sind, wird von den meisten explizit berichtet, doch sind diese selten konkret. Die Gesprächspartner sprechen häufig von Gefühlen, Träumen, „Körpererinnerungen" und Schlüssen wie: „Da muss es etwas gegeben haben." Damit erfüllen sie die Kriterien für falsche Erinnerungen nach Volbert (siehe den Abschnitt *Aussagepsychologen*). Einige haben die Verschwörungstheorie des rituellen Missbrauchs übernommen und glauben, ihr Erinnerungsvermögen werde von Anderen mit Absicht so gesteuert, dass sie sich nicht konkret erinnern können.

Eines geht jedenfalls aus den Interviews von Hasselmann klar hervor: Die Befragten leiden an einer schweren Störung und sind hilfebedürftig. Demgegenüber rückt bei Hasselmann die Frage in den Hintergrund, ob die Aufspaltung in verschiedene Persönlichkeiten ein bereits vor Aufnahme einer Therapie existierendes Faktum oder ein entsprechend einem soziokognitiven Modell in der Therapie entstandener Ausdruck einer zugrundeliegenden Störung ist. Für die Thematik dieses Buches jedoch ist die Frage der Verursachung wichtig.

Es gibt nach dem heutigen wissenschaftlichen Stand keinen Anlass, anzunehmen, dass DIS ein ausschließlich iatrogenes Störungsbild sei. Man muss jedoch wohl davon ausgehen, dass fast jede menschliche Eigenschaft in extremer Ausprägung den Charakter einer psychischen Störung annehmen kann, so auch hier. Umgekehrt aber zeigen viele belegte Fälle, bei denen genauere Informationen über den Verlauf der Therapien vorliegen, dass diese Persönlichkeiten unter starker suggestiver Einwirkung der Therapeuten entstanden sind. Das gilt insbesondere bei Fällen mit einer großen Zahl alternativer Persönlichkeiten.

DIS und falsche Erinnerungen

Nicht nur die historische Entwicklung der in einer Therapie „wiedergewonnenen", angeblich verdrängten Erinnerungen an sexuellen Missbrauch und der dissoziativen Identitätsstörung läuft parallel, es gibt auch eine Reihe weiterer Gemeinsamkeiten. Die wenigen Fälle, in denen die Störung unabhängig von einer Psychotherapie festgestellt wurde, standen unter dem Einfluss von psychotherapeutischem Schrifttum oder Internetforen. Auch die angebliche Ursache der Störung, nämlich schweres Trauma, wiederholter sexueller Missbrauch, dessen Erinnerung alternativen Persönlichkeiten übergeben wurde, um die Hauptpersönlichkeit vom Trauma zu entlasten, entspricht der therapeutischen Annahme der Verdrängung und ist mit einiger Sicherheit dem oben beschriebenen selbstbestätigenden Modell geschuldet.

Bei DIS pflegen die Therapeuten die Heilung ihrer Patienten darin zu suchen, dass diese sich möglichst vollständig an sexuellen Missbrauch als angebliche

Ursache erinnern, wodurch die Schutzfunktion der Aufspaltung überflüssig wird. Mit anderen Worten: Die Therapie für <u>DIS</u> ist eine Trauma-Erinnerungstherapie. Besonders auffällig ist das bei Fällen, die auf der Verschwörungstheorie des rituellen Missbrauchs beruhen.

Institutionen

Gruppen und Verbände

Es gibt eine Reihe von Gruppen, die sexuell missbrauchte Frauen beraten und den Kontakt zu Psychotherapien vermitteln. Meist sind sie als Vereine organisiert. Deren Unterstützung missbrauchter Frauen ist ausdrücklich zu begrüßen. Da diese Gruppen mit vielen tatsächlich missbrauchten Frauen in Kontakt stehen, besteht aber auch die Gefahr, dass jede beliebige Missbrauchsbeschuldigung für bare Münze genommen wird, ohne zu prüfen, ob sie zu Recht besteht oder nicht; ebenso die Gefahr, dass falsche Erinnerungen als Erinnerungen an reale Ereignisse verstanden werden. Einige davon sind so sehr auf sexuellen Missbrauch konzentriert oder haben einen derartigen ideologischen Tunnelblick, dass sie jederzeit bereit sind, einer Hilfe suchenden Person zur „Wiedergewinnung" ihrer Missbrauchserinnerung zu verhelfen.

Vor allem einige feministische Gruppierungen haben in ideologischer Verengung die Existenz falscher Erinnerungen grundsätzlich in Zweifel gezogen. So bezeichnet eine Veröffentlichung der verbreiteten Opferhilfsorganisation Wildwasser e. V. falsche Erinnerungen an sexuellen Missbrauch als Tricks der Kinderschänder, sich vor der Strafverfolgung zu schützen.[85] Dass falsche Erinnerungen an sexuellen Missbrauch seit über drei Jahrzehnten wissenschaftlich und forensisch in vielen Tausenden von Fällen nachgewiesen sind, scheint bei Wildwasser nicht bekannt zu sein, oder aber – was wahrscheinlicher ist – es wird mit Absicht ignoriert, weil es ideologisch unerwünscht ist.

Jugendämter

Da von den hier betrachteten falschen Erinnerungen an Missbrauch meist Erwachsene betroffen sind, die eine Trauma-Erinnerungstherapie machen, sind Jugendämter seltener beteiligt. Allerdings schließt sich an die eigentliche Pubertät bei Jugendlichen oft eine Zeit psychischer Schwierigkeiten an, die sie in Psychotherapien oder psychotherapeutische Kliniken bringen. Werden dabei falsche Erinnerungen an sexuellen Missbrauch erzeugt, dann sind vielfach noch die Jugendämter zuständig.

Jugendämter haben viel Erfahrung mit tatsächlichen Missbrauchsfällen. Daher besteht auch dort eine besondere Gefahr, falsche Erinnerungen als reale Ereignisse zu verkennen. Bei den Jugendämtern kommt hinzu, dass sie in ihrer Funktion erhebliche Machtbefugnisse haben. Welche Gefahren von Mitarbeitern der Jugendämter ausgehen können, haben die Wormser Prozesse (siehe Abschnitt *Aussagen von Kindern*) zur Genüge gelehrt. Auch die vierte Fallgeschichte zeigt sehr deutlich auf, welchen Schaden inkompetente Jugendämter anrichten können. Doch auch bei Fällen, in denen es bei Erwachsenen zur Bildung falscher Erinnerungen an sexuellen Missbrauch kommt, treten Jugendämter häufig in Aktion. Das ist immer dann der Fall, wenn im Umfeld der angeblichen Missbrauchstäter Kinder und Jugendliche leben. In einem solchen Fall besteht immer die Gefahr, dass das Jugendamt die betreffenden Kinder vorsichtshalber aus ihrem familiären Umfeld herausnimmt und sich somit an dem Prozess der Familienzerstörung aktiv beteiligt.

Krankenkassen und Diagnosekataloge

Krankenkassen spielen insofern eine Rolle, als sie diejenigen sind, die den Löwenanteil psychotherapeutischer Maßnahmen finanzieren. Trauma-Erinnerungstherapien, die oft überdurchschnittlich lang dauern, sind entsprechend teuer. Da ist die Frage der Finanzierung besonders wichtig.

In den meisten Sozialsystemen der westlichen Welt dauern diese Therapien länger, als Krankenkassen zu zahlen bereit sind. In Deutschland kann man, wenn die Patienten einen klaren Opferstatus nachweisen können, auf Antrag eine Therapieverlängerung über den von den Krankenkassen finanzierten Rahmen hinaus auf der Basis des Opferentschädigungsgesetzes bekommen. Doch wenn die genehmigenden Behörden sorgfältig sind und sich nicht von Vorurteilen leiten lassen, misslingt oft der Nachweis des Opferstatus.[86]

Natürlich wollen Krankenkassen sicher sein, dass ihre Finanzierung echten Störungen mit nachgewiesenem „Krankheitswert" gilt. Der Krankheitswert wird nachgewiesen durch eine Diagnose. Hier kommen diagnostische Kataloge ins Spiel. Zwei Systeme sind dabei zu nennen, das ICD-System (*International Classification of Diseases*), das von der Weltgesundheitsorganisation (WHO) schon seit den 20er-Jahren des vorigen Jahrhunderts herausgegeben wird, und das auf psychische Störungen und Krankheiten begrenzte DSM-System (*Diagnostic and Statistical Manual of Mental Disorders*) der American Psychological Association (APA), das seit Mitte des vorigen Jahrhunderts vor allem im angelsächsischen Raum angewandt wird. Diese Systeme werden von Zeit zu Zeit neu herausgegeben, beim ICD ist derzeit die 11. Fassung in ihrer Einführungsphase, und das DSM liegt in seiner fünften Version vor.

Diese Veränderungen sollen natürlich dem Fortschritt der Wissenschaft Rechnung tragen, aber sie spiegeln auch gesellschaftliche Strömungen und den Einfluss von Interessengruppen wider. Insbesondere die pharmazeutische Industrie ist mit ihren Lobbyorganisationen beteiligt. Sie hat großes Interesse daran, möglichst viele Krankheiten und Störungen zu definieren, bei denen die Verschreibung von Psychopharmaka durch ärztliche Therapeuten die Therapie der Wahl ist, da es sich dabei oft um eine Dauermedikation handelt.

Uns interessiert hier speziell der Einfluss der psychotherapeutischen Zunft auf die Abfassung von Diagnosekatalogen. Nehmen wir zum Beispiel Therapeuten, in deren Therapien häufig eine dissoziative Identitätsstörung diagnostiziert wird. Sie haben ein rein materielles Interesse daran, dass sich dieses Störungsbild im Diagnosekatalog wiederfindet. Nur dann können sie mit einer Finanzierung durch die gesetzlichen Krankenkassen rechnen. Daher wird deren Vertretung in den Beschlussgremien für die Diagnosekataloge darauf dringen, dass diese Störung in möglichst gewichtiger Weise berücksichtigt wird.

In der Diskussion um die möglicherweise iatrogene, d. h. von den Therapeuten selbst hervorgerufene Entstehung dissoziiert gestörter Personen kann man immer wieder das Argument hören, dass schon die Aufnahme der dafür verantwortlichen Störung in die Diagnosekataloge garantiere, dass es sich um eine wissenschaftlich fundierte Angelegenheit handelt. Das ist aber aufgrund der Art und Weise, wie Diagnosekataloge beschlossen werden, und bei dem Einfluss, den Interessengruppen auf die Entstehung der Kataloge nehmen, durchaus nicht gewährleistet.

Rechtswesen

Wie bereits erwähnt, wurden in den USA der 90er Jahre einige spektakuläre Prozesse geführt. Patienten einer Trauma-Erinnerungstherapie waren nachträglich zum Ergebnis gekommen, dass die in der Therapie gewonnenen Erinnerungen nichts mit der Realität zu tun hatten. Sie verklagten ihre Therapeuten. Deren Therapiemethoden erwiesen sich als fragwürdig. In einigen Fällen wurden Berufszulassungen entzogen, den Patienten wurde Schadenersatz in Millionenhöhe zugesprochen.[87]

Die Auswirkung solcher Prozesse kann nicht unterschätzt werden. Auch Therapeuten, die von den Methoden der Trauma-Erinnerungstherapie überzeugt sind, kommen zum Nachdenken, wenn ihre therapeutischen Methoden dazu führen können, dass sie ihre Existenzgrundlage verlieren.

In Deutschland sind derartige Prozesse nicht zu erwarten. In den USA werden der Rechtsprechung die Empfehlungen der wichtigsten Berufsverbände (zum Beispiel der APA) zugrunde gelegt. Therapien, die diesen Empfehlungen zuwiderlaufen, können als Falschtherapie gewertet werden und zu Schadenersatzforderungen berechtigen. Hierzulande werden in der Rechtsprechung andere, fast nicht erfüllbare Kriterien an den Nachweis strafbarer oder zu Schadensersatz verpflichtender Fehler von Psychotherapeuten gestellt. Im Gegensatz zum Kunstfehler eines Chirurgen, bei dem die Absicht außer Betracht ist, verlangt die bisherige Rechtsprechung bei Psychotherapien in der Regel, dass eine absichtliche oder wissentliche Fehlbehandlung nachgewiesen wird, und die ist weder beweisbar noch wahrscheinlich.

Viel häufiger aber ist der umgekehrte Vorgang: Die infolge falscher Erinnerungen oder aufgrund anderer Aussagen Beschuldigten werden strafrechtlich verfolgt. Eine solche Anklage muss äußerst ernst genommen werden. Manche zu Unrecht Beschuldigten glauben, es könne ihnen nichts passieren, da ihnen ja der Vorwurf der Anklage explizit nachgewiesen werden müsse. Da sie nichts Entsprechendes getan haben, halten sie das für ausgeschlossen. Sie irren sich.

In manchen Ländern wäre das in der Tat ausgeschlossen, weil dort in einem Fall, in dem Aussage gegen Aussage steht und manifeste Beweise nicht vorliegen, eine Verurteilung nicht erfolgt. Das ist in Deutschland aber anders: Nach deutschem Recht kann sich das Gericht in einem solchen Fall bei der Urteilsfindung auf einen Anscheinsbeweis allein aufgrund der Aussagen des Klagenden zurückziehen, wenn es sich nach allgemeiner Erfahrung um einen typischen Vorgang handelt. Da es sich aber bei sexuellem Missbrauch um etwas handelt, das allzu sehr der allgemeinen Erfahrung entspricht, während falsche Erinnerungen weithin unbekannt sind, ist eine Verurteilung nicht unwahrscheinlich. Das gilt insbesondere dann, wenn die Hauptverhandlung aufgrund des zu erwartenden Strafmaßes nicht vor dem Amtsgericht, sondern vor dem Landgericht stattfindet. Dann können nämlich Fehler bei der Tatsachenerhebung nicht mehr korrigiert werden, weil eine Revision nur Form- und Verfahrensfehler berücksichtigt.

An die vernehmenden Institutionen – Polizei, Richter, Staatsanwälte – werden bei der Erhebung und Beurteilung der Aussagen hohe Anforderungen gestellt. Sehr leicht kann sonst die Arbeitsweise dieser Institutionen, insbesondere eine Voreingenommenheit gegen mögliche Missbrauchstäter, die grundsätzliche Unschuldsvermutung konterkarieren.[88]

Dazu kommt, dass es durch einige Gesetzesänderungen der letzten Jahrzehnte auch unabhängig von möglichen Vorurteilen des Gerichtes zu erheblicher Ungleichheit in den prozessualen Möglichkeiten von Opferzeugen und Beschuldigten gekommen ist. So können Opferzeugen als Nebenkläger Akteneinsicht erlangen und haben weitere Rechte vor Gericht, die dem Beschuldigten verwehrt sind.[89]

Es gibt aber auch eine wesentliche Änderung, die die Position zu Unrecht Beschuldigter vor Gericht erheblich verbessert hat. Der Bundesgerichtshof hat in einer Grundsatzentscheidung vom 30.07.1999 die Anforderungen an die Begutachtung von Zeugenaussagen festgelegt.[90] Insbesondere bei der Konstellation Aussage-gegen-Aussage muss die Glaubhaftigkeit der Zeugenaussagen sorgfältig geprüft werden. Das ist zwar grundsätzlich die Aufgabe des Richters, setzt aber in erheblichem Maße aussagepsychologische Kenntnisse voraus, über die Richter im Allgemeinen nicht verfügen, da sie nicht zu deren Ausbildung gehören. In diesem Fall ist die Einschaltung eines aussagepsychologischen Sachverständigen als Gutachter geboten.

Es ist von größter Bedeutung, vor Gericht von einem Rechtsanwalt vertreten zu sein, der mit dem gesamten Sexualstrafrecht und insbesondere mit falschen Erinnerungen vertraut ist. Ein solcher Anwalt wird keinesfalls die Ermittlungsphase untätig verstreichen lassen, sondern zum frühestmöglichen Zeitpunkt die Staatsanwaltschaft über die Problematik des Falles informieren. Er wird sich darum bemühen, schon in dieser Phase und nicht erst nach Eröffnung der Hauptverhandlung ein psychologisches Gutachten über die Aussage der klagenden Partei erstellen zu lassen. Er sollte auch in der Lage sein, zu prüfen, ob das erstellte Gutachten den Anforderungen des Bundesgerichtshofes entspricht und gegebenen falls eine Neubegutachtung erwirken. Ein derartiges Gutachten ist häufig entscheidend für den Fall.[91]

Wenn ein Gutachten zu dem Ergebnis kommt, dass die Aussage nicht mit Sicherheit auf ein reales Erlebnis zurückgeht oder gar unwahrscheinlich ist, wird die Staatsanwaltschaft häufig auf die Erhebung einer Anklage verzichten. Doch auch wenn es zur Hauptverhandlung kommt, kann das aussagepsychologische Gutachten entscheidend sein.

Es ist wichtig, zu wissen, dass das Gericht dem Verlangen nach einem aussagepsychologischen Gutachten nicht entsprechen muss. Es gehört vielmehr zu den Aufgaben der Richter in der Tatsacheninstanz, die Glaubhaftigkeit der Zeugenaussagen selbst zu beurteilen.[92] Das muss sich dann aber auch in der Urteilsbegründung wiederfinden. Allerdings sind viele Gerichte inzwischen für derartige Fälle sensibilisiert und werden nicht mehr so leicht allein aufgrund von Aussagen der klagenden Partei zu einer Verurteilung des Beschuldigten gelangen.

Obwohl es immer Gerichte gibt, die bei Missbrauchsfällen eine Voreingenommenheit gegenüber den angeblichen Tätern haben, ist trotzdem festzustellen, dass die juristische Profession in ihrer Gesamtheit ihre Hausaufgaben in Bezug auf sexuellen Missbrauch und eventuelle falsche Erinnerungen daran deutlich sorgfältiger auf wissenschaftlicher Basis erledigt hat, als die psychotherapeutische.

Aussagepsychologie

An aussagepsychologische Gutachten werden nach der bereits erwähnten Grundsatzentscheidung des Bundesgerichtshofs vom 30.07.1999 hohe Ansprüche gestellt. Diese Anforderungen werden zunehmend, aber nicht immer berücksichtigt.

Für Laien ist nicht immer klar, worauf sich ein aussagepsychologisches Gutachten bezieht. Dass dies auch für Fachleute nicht immer selbstverständlich ist, kann man in einem Buch von Max Steller, einem der führenden Aussagepsychologen und Mitbegründer der wissenschaftlichen Aussagepsychologie, lesen.[93]

Es geht nicht darum, die Persönlichkeit eines Zeugen psychologisch zu werten oder seinen Lebenswandel zu beurteilen. Es geht auch nicht darum, die persönliche Glaubwürdigkeit des Zeugen zu betrachten, obwohl das auch am Rande eine Rolle spielen kann. Normalerweise erstreckt sich ein derartiges Gutachten auf die Person des Zeugen nur insofern, als geprüft wird, ob er überhaupt die Fähigkeit besitzt, die in Frage stehende Zeugenaussage zu machen. Dabei spielen das Alter (Kinder), sein Geisteszustand oder eventuelle manifeste Geisteskrankheiten oder auch körperliche Einschränkungen eine Rolle. Man spricht hier von der Beurteilung der Aussagetüchtigkeit des Zeugen.

Der Hauptgegenstand eines aussagepsychologischen Gutachtens ist jedoch die Aussage selbst, deren Glaubhaftigkeit untersucht wird. Von besonderer Bedeutung ist die Beurteilung von Zeugenaussagen, wenn sie in einem Strafverfahren den Angeklagten belasten, vom Angeklagten aber bestritten werden und wenn keine Sachbeweise vorliegen.

Gemäß der grundsätzlichen Unschuldsvermutung geht die Prüfung einer belastenden Zeugenaussage von der Hypothese aus, dass sie unwahr ist, der sogenannten Null-Hypothese. Glaubhaft kann sie nur sein, wenn der Aussageinhalt im weitesten Sinne nicht mit dieser Hypothese vereinbar ist.

In vielen Fällen stellt sich bei einer Aussage die Frage, ob sie bewusst gelogen ist. Für eine wahre im Gegensatz zu einer bewusst gelogenen Aussage gibt es eine Reihe von Kriterien, die als Realkennzeichen bezeichnet werden und die die Tatsache berücksichtigen, dass die Konstruktion einer Lüge, die glaubhaft sein soll, eine erhebliche geistige Leistung voraussetzt.

Anders aber liegt der Fall bei Aussagen auf Grund falscher Erinnerungen. Wie bereits auf den ersten Zeilen dieses Buchs dargestellt, ist hier der Zeuge fest vom Wahrheitsgehalt seiner Aussage überzeugt.

Er ist also kein bewusster Lügner. Seine Aussage ist aber trotzdem unwahr, weil sie nicht auf einem realen Erlebnis basiert. In einem solchen Falle müssen andere Unterscheidungen zwischen wahrer und unwahrer Aussage herangezogen werden. Dafür haben sich einige wissenschaftliche Kriterien herausgestellt (hier zitiert nach Volbert)[94].

Wiederentdeckte Erinnerungen sind als problematisch einzustufen,

- wenn vor der Erinnerung bei der Person selbst oder im relevanten Umfeld die Annahme bestand, bislang nicht bekannte traumatische Erfahrungen müssten vorliegen,
- wenn mit oder ohne therapeutische Unterstützung explizite Bemühungen vorgenommen wurden, sich an nicht zugängliche Erlebnisse zu erinnern,
- wenn Erinnerungen erst im Laufe wiederholter Erinnerungsbemühungen entstanden sind,
- wenn im Laufe der Zeit immer mehr Erlebnisse berichtet werden,
- wenn Ereignisse aus den ersten Lebensjahren erinnert werden,
- wenn die berichteten Erlebnisse bizarre und extreme Erfahrungen beinhalten.

Stoffels ergänzt diese Liste durch das Kriterium, es sei Skepsis angebracht, wenn diffuse Gefühle, Traumbilder und „Körpererinnerungen"[95] mit nachfolgendem visuellen Detailreichtum beobachtet werden.[96]

Praktisch alle Fälle von in Psychotherapie wiederentdeckten Erinnerungen fallen unter mehrere dieser Kriterien.

Das Amt des unabhängigen Beauftragten für Fragen des sexuellen Kindesmissbrauchs

Da sexueller Kindesmissbrauch ein schweres, aber weit verbreitetes Verbrechen ist, wurde vom Bundesministerium für Familie im Jahre 2011 das Amt des Unabhängigen Beauftragten für Fragen des sexuellen Kindesmissbrauchs (UBSKM) eingerichtet. Schon die in der Einführung zu diesem Buch genannten Zahlen zur Häufigkeit des sexuellen Missbrauchs zeigen klar, dass es eine überaus wichtige Aufgabe dieses Ministeriums ist, sich um die schrecklichen Folgen für davon betroffene Personen zu kümmern. Die Strafverfolgung ist nicht Aufgabe dieses Amtes. Damit wurde eine offizielle Anlaufstelle eingerichtet, an die sich Betroffene wenden können. Nach der Eigendarstellung dieses Amtes[97] bietet es Hilfe und Unterstützung, insbesondere:

- Hilfe in Krisen
- Beratung
- Therapie
- Recht
- Finanzielle Hilfen
- Selbsthilfe
- Organisierte sexualisierte und rituelle Gewalt.

Das ist (fast) alles sehr zu begrüßen. Das einzige Problem dabei ist, dass im letzten Punkt zwei völlig verschiedene Dinge vermischt werden. **Organisierte** sexuelle Gewalt gibt es leider in riesigem Umfang, vor allem in der Kinderpornographie. **Rituelle** Gewalt ist aber etwas ganz anderes, nämlich eine Verschwörungstheorie, die in keinem einzigen Fall nachgewiesen wurde, siehe auch den Abschnitt *Die Rituelle Gewalt/Mind Control-Theorie* und die vierte Fallgeschichte am Anfang des Buches.

Man sollte annehmen, dass zu den Aufgaben einer solchen Stelle auch die Hilfestellung für zu Unrecht des sexuellen Missbrauchs Beschuldigte und Betroffene von falschen Erinnerungen an sexuellen Missbrauch gehört. Immerhin sind diese Fälle oft weitaus schlimmer als einfache Missbrauchsdelikte, denn das persönliche und insbesondere psychische Leid derjenigen, die zu derartigen falschen Erinnerungen verleitet werden, gleicht vollkommen dem der tatsächlichen Missbrauchsopfer; es kommen aber noch die Folgen für zu Unrecht Beschuldigte hinzu.

Leider hat sich herausgestellt, dass der unabhängige Beauftragte sich dafür nicht zuständig fühlt. Bei einem persönlichen Gespräch im Amt des Beauftragten wurde dem Autor mitgeteilt, dass es politisch gewollt sei, Falschbeschuldigungen des sexuellen Missbrauchs und damit auch falsche Erinnerungen daran niemals zu erwähnen. Man befürchte, dass wirklich Missbrauchte dann nicht mehr bereit seien, über ihren Fall zu sprechen. Damit wird ein unmittelbar mit sexuellem Missbrauch zusammenhängendes und sehr verbreitetes Problem seitens des UBSKM vollkommen ignoriert.

In Wirklichkeit ist bisher für Betroffene falscher Erinnerungen an sexuellen Missbrauch die Arbeit des UBSKM nicht nur indifferent, sondern der UBSKM hat in den letzten 12 Jahren das Problem der therapeutischen Entstehung falscher Erinnerungen an sexuellen Missbrauch erheblich verschlimmert. Das hängt mit dem letzten Punkt der obigen Liste zusammen. Der Beauftragte der Jahre 2011 bis 2022, Johannes-Wilhelm Rörig, war ein überzeugter Anhänger der Verschwörungstheorie vom rituellen Missbrauch. Da Rörig Jurist ist, muss man sich wundern, dass das Fehlen eines Nachweises auch nur eines einzigen entsprechenden Falls ihn nicht irritiert hat. Auf die Frage nach Fakten wurden von seinem Amt regelmäßig Fälle von Kinderpornographie genannt, die aber etwas ganz anderes als ritueller Missbrauch sind. Infolgedessen erfuhren diejenigen Traumatherapeuten, die insbesondere für die Erzeugung falscher Erinnerungen an rituellen Missbrauch verantwortlich sind, eine besondere Förderung durch den UBSKM. Das haben im März 2023 die Deutsche Gesellschaft für Psychologie (DGPs)[98] und der Berufsverband Deutscher Psychologinnen und Psychologen (DBP)[99] in Briefen an die dem UBSKM übergeordnete Familienministerin Lisa Paus gerügt. Auch aus der Schweiz kommt Verständnislosigkeit gegenüber der unwissenschaftlichen Position des UBSKM.[100]

Seit 2023 gibt es eine neue Beauftragte, Kerstin Klaus. Es ist zu hoffen, dass sie mit dem Thema des rituellen Missbrauchs anders umgeht und sich vor allem an den Ergebnissen der wissenschaftlichen Psychologie und Kriminologie orientiert.

Wissenschaftliche Ergebnisse

Im folgenden Kapitel werden wir uns mit einigen der bisher angesprochenen Themen erneut befassen. Diesmal geht es uns aber nicht um die Beschreibung der Vorgänge, sondern um die Frage ihrer wissenschaftlichen Begründung.

Wissenschaftliche Arbeit in Psychologie und Psychiatrie

Zuerst müssen wir uns fragen, wie wissenschaftliche Arbeit in Psychologie und Psychiatrie abläuft. Dabei zeigt sich, dass die wissenschaftlichen Arbeitsmethoden sehr unterschiedlich sind, je nachdem, in welchem Zusammenhang die Untersuchungen stehen. Denn die Psychologie grenzt an viele andere Disziplinen, und je nachdem ändern sich die Methoden.

Grundsätze empirischer Wissenschaften

Psychologie ist eine Erfahrungswissenschaft oder empirische Wissenschaft, in der nicht Überlegungen und Theorien, sondern die beobachtende Erfahrung die letzte und entscheidende Instanz ist. Über die Gesetzmäßigkeiten, die bestimmen, was man beobachten wird, kann man zwar beliebige, mehr oder weniger sinnvolle Annahmen oder Thesen aufstellen. Über die Relevanz dieser Annahmen aber entscheidet die Erfahrung, das Experiment. Liefert das Experiment ein anderes Ergebnis als die These, dann ist die These widerlegt. Aber die Frage, ob eine These immer und grundsätzlich zutrifft, kann niemals durch Versuche beantwortet werden, weil man niemals ausschließen kann, dass man irgendwann auf eine Ausnahme trifft. Allgemeingültige Thesen sind daher unbeweisbar und haben keinen wissenschaftlichen Charakter. In empirischen Wissenschaften muss eine wissenschaftliche These grundsätzlich widerlegbar sein.

Wir haben schon unwiderlegbare und damit unwissenschaftliche Thesen kennengelernt, zum Beispiel die selbstbeweisende Vorstellung vom rituellen Missbrauch, bei dem die Tatsache, dass er niemals nachgewiesen werden konnte, als Beweis seiner Gefährlichkeit interpretiert wird, da angeblich die Strafverfolgungsbehörden Teil der Verschwörung seien.

Um Thesen experimentell zu prüfen, muss der Versuch so angelegt sein, dass er die Bedingungen, für die die These aufgestellt wurde, exakt widerspiegelt. Das ist in Wirklichkeit aber nur begrenzt möglich. Am besten noch geht das in den sogenannten exakten Wissenschaften, in denen u. U. schon ein einzelnes gesichertes Versuchsergebnis eine These widerlegt. In den meisten Fällen aber muss der gleiche Versuch mehrfach reproduziert werden, um zu einem belastbaren Ergebnis zu kommen. Das trifft bei den Psychowissenschaften besonders zu, weil sie sich nicht mit totem Material befassen, das man für Versuche in immer gleicher Weise und mit gleichen Eigenschaften auswählen kann, sondern mit Lebewesen.

Experimentelle Methodik in Psychowissenschaften

Macht man den gleichen Versuch mit zwei verschiedenen Individuen, so wird keineswegs immer das Gleiche herauskommen, wie man das bei Versuchen in den sogenannten exakten Wissenschaften erwartet. Daher werden in den Psychowissenschaften auch selten wissenschaftliche Aussagen aus Einzelfällen abgeleitet, und wenn, dann nur in der Form „es ist möglich, dass ...". Normalerweise aber werden größere Zahlen von Fällen betrachtet, wobei der Auswahl der Versuchspersonen eine große Bedeutung zukommt. Sie sollen in Hinsicht auf die Versuchsaussage möglichst gleiche Eigenschaften haben, was aber immer nur begrenzt möglich ist. Das Versuchsergebnis hat dann die Form einer Wahrscheinlichkeits- oder Häufigkeitsaussage, beispielsweise: Bei einem Kollektiv mit bestimmten Auswahlkriterien findet man bei einem Versuch, der bei allen Mitgliedern des Kollektivs in gleicher Weise durchgeführt wird, in x Prozent der Fälle, dass die zu prüfende These zutrifft.

Um sicher zu sein, dass das Ergebnis wirklich die Folge des Versuchs ist, und nicht auf anderen Gründen beruht, wird häufig eine Kontrollgruppe verwendet. Das ist eine Untergruppe des gleichen Versuchskollektivs, bei denen der Versuch in formal möglichst gleicher Weise durchgeführt wird, die eigentlich zu untersuchende Ursache aber weggelassen wird. Ist bei der Kontrollgruppe das Ergebnis gleich, so ist es eben nicht eine Folge dieser Ursache. Damit auch persönliche Meinungen oder Erwartungen keine Rolle spielen, wird der Versuch oft so durchgeführt, dass weder diejenigen, die den Versuch durchführen und beispielsweise Probanden befragen, noch die, die den Versuch auswerten, wissen, ob die einzelnen Versuchspersonen der Untersuchungs- oder der Kontrollgruppe angehören (Doppelblindversuch). Wie man sieht, muss ein erheblicher Aufwand getrieben werden, um in den Psychowissenschaften zu den jeweiligen Thesen wissenschaftliche Aussagen zu erhalten.[101]

Diese Arbeitsmethode wird benutzt, wenn es sich um rein naturwissenschaftliche Fragestellungen der Psychologie handelt, zum Beispiel um die Frage, wie viele Wörter einer Wortliste, die kurz studiert wird, nach bestimmter Zeit noch im Gedächtnis sind. Aber auch da, wo die Psychologie an die Soziologie grenzt, handelt es sich um Erfahrungswissenschaften, die die gleichen Methoden verwenden.

Wissenschaft im klinischen Bereich

Nun arbeiten ja keineswegs alle Psychologen oder Psychiater in der Wissenschaft, ganz im Gegenteil. Die meisten Angehörigen dieser Berufsgruppen arbeiten in anderen Fragestellungen, viele davon therapeutisch. Diese werden meist als Kliniker bezeichnet. Das schließt wissenschaftliche Tätigkeit nicht aus. Es liegt auf der Hand, dass auch im klinischen Bereich Beobachtungen gemacht werden, die für die Wissenschaft von Bedeutung sind. Wissenschaftliche Arbeiten aus dem klinischen Bereich sind meist anders strukturiert als Arbeiten der experimentell forschenden Psychologie. Die oben beschriebenen umständlichen Maßnahmen zur Absicherung der wissenschaftlichen Ergebnisse sind dabei selten möglich. Die Ergebnisse haben häufig anekdotischen Einzelfall-Charakter. Oft ist nicht einmal sicher, dass die beobachteten Erscheinungen überhaupt Folge der untersuchten Maßnahmen oder Bedingungen sind.

Studiert man wissenschaftliche Literatur aus dem klinischen Bereich, so trifft man immer wieder auf Schlüsse, die nur eine von vielen möglichen Erklärungen der Ergebnisse sind, und vielleicht nicht einmal die wahrscheinlichste. Dazu kommt, dass die Meinung des betreffenden Therapeuten zu der in Frage stehenden These einen Einfluss auf die Deutung hat. Die allgemein bekannte Tendenz, Vorurteile zu bestätigen (englisch: *confirmation bias* [102]), kann die Ergebnisse beeinflussen. Besonders kritisch ist dabei der Fall, dass der betreffende Kliniker zu einem Fall eine bestimmte, häufig in rein intuitiver Sicht erschlossene These als Grundannahme hat. Auf Grund dieser These werden die therapeutischen Methoden gewählt, und es ist kaum verwunderlich, dass am Ende das Ergebnis genau der These entspricht, die der Therapeut vorausgesetzt hat. Das ist ein verbreiteter Zirkelschluss.[103]

Ich will diese Arbeitsweise mit einem für das Thema dieses Buchs typischen Beispiel erläutern. Eine Frau geht in eine Psychotherapie und klagt über Depressionen. Der Therapeut geht von der These aus, Depressionen seien meist Folgen eines sexuellen Missbrauchs im Kindesalter. Deshalb bittet er die Patientin, zu versuchen, diesen Missbrauch in Erinnerung zu rufen. Nach entsprechender Bemühung kommen der Patientin nach und nach immer mehr Missbrauchserinnerungen. Der Therapeut sieht das als Bestätigung seiner These an. Mit einer methodisch einwandfreien wissenschaftlichen Aussage hat das aber nicht das Geringste zu tun, wird aber häufig so dargestellt.

Wie man sieht, ist der Begriff der Wissenschaftlichkeit in den Psychowissenschaften nicht immer eindeutig, und man muss schon genau hinschauen, wenn man erkennen möchte, um welche Art von Wissenschaftlichkeit es sich handelt. Wie erwähnt, hängt das unter anderem mit der Spaltung der Psychoberufe in Kliniker und empirische Wissenschaftler zusammen. Diese Spaltung ist zum Teil auch eine in intuitive und experimentelle Erkenntnisfindung.

Experimentelle Forschung ist eine trockene Angelegenheit und eine mühsame Arbeit am Detail. Ihr Ergebnis ist niemals Sicherheit, sondern bestenfalls hohe Wahrscheinlichkeit, die sich obendrein nicht leicht verständlich darstellen lässt. Intuitive Schlussweise dagegen vermittelt eine große Sicht und kann sich weit leichter überzeugend und mit hoher charismatischer Sicherheit darstellen. Dass diese Sicherheit trügerisch sein kann, wird oft übersehen. Auch geniale Geister – und vielleicht ganz besonders diese – haben sich dieser scheinbaren Sicherheit nicht entziehen können. Sie haben unter Verweigerung der experimentellen Prüfung Wege von großer Überzeugungskraft und Ästhetik eröffnet, die sich später als unwissenschaftlich herausstellten. Ein Beispiel findet man bei Sigmund Freud, der mit großem Charisma durch die Psychoanalyse ein Jahrhundert der Psychotherapie pseudowissenschaftlich begründet und beeinflusst hat. Dabei kritisierten ihn schon seine Zeitgenossen wegen der mangelnden empirischen Begründung seiner Theorien. Freud jedoch über seine Therapie: *„Wenn man ... sicher diagnostiziert ... hat, so darf man ... von den Kranken dreist die Bekräftigung seiner Vermutungen verlangen. Anfänglicher Widerspruch darf einen nicht irre machen, man besteht fest auf dem, was man erschlossen hat, und besiegt endlich jeden Widerspruch dadurch, dass man die Unerschütterlichkeit seiner Überzeugung betont."*[104] Besser kann man eine unwissenschaftliche Haltung kaum formulieren.

Dass sich Kliniker um die empirische Psychologie und Psychiatrie oft wenig kümmern, ist verständlich. Die Behandlung von Patienten, das Eingehen auf ihre Leiden und die Suche nach geeigneter Behandlung sind nichts Schematisches. Es wird ein hohes Maß an Einfühlungsvermögen und eben an Intuition verlangt. Traditionell heißt es, Kliniker lernten aus der Erfahrung, und wer nach seiner fachlichen Ausbildung viele Patienten gesehen habe, könne sie auch nach den Regeln der Kunst behandeln. Doch gerade diese Annahme ist wenig begründet. Es gibt eine Reihe von Studien, in denen Diagnosen von Psychotherapeuten unterschiedlicher Erfahrung verglichen werden, und diese Studien kommen einhellig zu dem bestürzenden Ergebnis, dass der Lerneffekt durch psychotherapeutische Erfahrung minimal oder nicht vorhanden ist.[105] Das liegt unter anderem an der Neigung, eigene Vorurteile zu bestätigen und daran, dass Kliniker meistens die längerfristigen Ergebnisse ihrer Therapien nicht zu sehen bekommen und daher keine wirksame Erfolgskontrolle existiert.

Wissenschaftliche Literatur zu studieren, scheint den Psychotherapeuten wenig Hilfe zu bieten. Es gibt aber einen wichtigen Grund, es trotzdem zu tun: Nämlich, um Fehler zu vermeiden. Thesen, die nicht wissenschaftlich fundiert sind, und Therapiemethoden, die die Wissenschaft als gefährlich ansieht, können zu schlimmen Schäden für die Patienten führen. Den Stand der Wissenschaft zu ignorieren ist ein Verstoß gegen ein uraltes Prinzip der heilenden Künste: Sie dürfen keinen Schaden anrichten.

Das kann man speziell in der Trauma-Erinnerungstherapie beispielhaft erkennen. Zweifellos arbeitet die überwiegende Mehrzahl der Therapeuten, die sie praktizieren, in der festen Überzeugung, für ihre Patienten das Beste zu tun. Doch gut gemeint ist noch nie eine Garantie für richtiges Handeln gewesen.

Einzelergebnisse zu Fragen der Trauma-Erinnerungstherapie.

Da dieses Büchlein keine wissenschaftliche Darstellung anstrebt, sollen hier nur einzelne wissenschaftliche Ergebnisse genauer besprochen werden, die für das Verständnis wichtig sind.

Wiedergewinnung verdrängter Traumata

Das erste Beispiel, das besprochen werden soll, sind Untersuchungen zur Wiedergewinnung angeblich verdrängter oder abgespaltener und dadurch unzugänglicher Erinnerungen. Wie oben im Abschnitt *Verdrängung* bzw. *Abspaltung* dargestellt, ist es eine grundlegende Theorie der Trauma-Erinnerungstherapie, dass die Erinnerung an traumatische Erlebnisse und speziell an sexuellen Missbrauch automatisch unzugänglich gemacht wird, um die Person von diesen Erinnerungen zu entlasten. Bei der fundamentalen Bedeutung dieser Theorien für diese Art der

Psychotherapie ist es nicht verwunderlich, dass viele Versuche unternommen worden sind, diese Theorien zu belegen.

Ein direkter Versuch ist allerdings aus ethischen Gründen ausgeschlossen, denn man kann ja nicht versuchsweise den Probanden ein schweres Trauma zufügen. Man muss sich daher an Fälle halten, in denen es ein solches Trauma unabhängig vom Versuch gegeben hat. In den meisten Versuchen wurde daher ein Kollektiv von Probanden ausgewählt, bei denen ein erlittener sexueller Missbrauch in der Jugend nachgewiesen ist. Die Versuche wenden unterschiedliche Methoden an, um zu zeigen, dass die Erinnerung daran unzugänglich geworden ist. Etwa hundert derartiger Versuche wurden von Holmes[106] und später von McNally[107] kritisch untersucht mit dem Ergebnis, dass keine dieser Studien methodisch einwandfrei war.

In vielen Fällen waren es relativ grobe Fehler, wie z. B. die Befragung von Personen, bei denen der Missbrauch in den Zeitraum der kindlichen Amnesie fiel. In anderen Fällen wurden einfach unlogische oder falsche Fragen gestellt. Typisch dafür ist die Frage: „Gab es in Ihrem Leben eine Zeit, in der die Erinnerung an dieses Erlebnis nicht zugänglich war?" Diese Frage ist unlogisch, denn wenn sie mit ja beantwortet wird, dann muss zu dem Zeitpunkt, an dem die Erinnerung angeblich unzugänglich war, ein Bewusstsein existiert haben, dass eine Erinnerung existiert hatte, und das steht im Widerspruch zur Unzugänglichkeit.

In einer Reihe von Studien wurde Probanden mit erwiesenem Missbrauch Fragen gestellt, etwa im Sinne: „Hat es in Ihrer Jugend irgendwelche traumatischen Erlebnisse gegeben?" Wenn die Probanden das verneinten, schlossen die betreffenden Forscher daraus, dass die Erinnerung unzugänglich war. Es gibt jedoch unter diesen Studien eine, die etwas tiefer nachbohrte und dabei ein Licht auf einen Fehlschluss wirft. Della Femina[108] hatte Mitglieder einer Gruppe von Heranwachsenden befragt und von ihnen ausführliche Informationen, unter anderem über schweren sexuellen Missbrauch in der Kindheit, erhalten. Neun Jahre später befragte sie 69 inzwischen erwachsene Personen aus der gleichen Gruppe erneut über ihre Jugend. Davon gaben 26 Schilderungen, die erheblich von den Berichten des ersten Interviews abwichen. Darunter waren 18, die ursprünglich von sexuellem Missbrauch in ihrer Kindheit berichtet hatten, die jetzt aber scheinbar keine oder kaum eine Erinnerung daran hatten.

Die Autorin hätte daraus, wie viele andere Wissenschaftler, den Schluss auf Verdrängung ziehen können. Doch einige Zeit nach Abschluss der Befragungen kam sie auf die Idee, diejenigen, die sich an ihre Missbrauchserlebnisse nicht mehr erinnert hatten, noch einmal einzubestellen und mit dem Widerspruch zu konfrontieren, der zwischen ihren beiden Berichten bestand. Sie konnte allerdings nicht mehr alle 18, sondern nur noch 11 davon erreichen. Deren Aussagen erklären nicht nur das Ergebnis dieser Studie, sondern vermutlich auch die

Ergebnisse einiger anderer Untersuchungen: In Wirklichkeit hatte keine von diesen Personen den Missbrauch vergessen oder verdrängt. Sie hatten aber absichtlich nicht darüber gesprochen, weil sie das Thema scheuten und es nicht berühren wollten. Der Schluss, dass die Erinnerung verdrängt war, wäre ein Fehlschluss gewesen.

War die Wissenschaft wirklich der Sieger der „Gedächtniskriege"?

Im Jahre 2004 hatte Paul McHugh eine Studie veröffentlicht, die die Verteilung von Fällen vermutlich falscher Erinnerungen an sexuellen Missbrauch auf Grund einer Fragebogen-Analyse über die Jahre 1970-2000 zeigte. 1981 lagen die Zahlen noch bei nahezu Null und nahmen innerhalb von 10 Jahren steil zu, um bis 2000 ebenso steil wieder abzunehmen. Der von McHugh berichtete Zeitraum, war die Zeit der *memory wars* gewesen. Es zeigte sich aber, dass diese Zahlen nicht wirklich repräsentativ waren. Der steile Anstieg dürfte die Gesamtentwicklung richtig wiedergegeben haben, aber dass die Zahlen nach 1992 so stark abnahmen, lag vermutlich daran, dass verhältnismäßig kurz nach dem Auswertungszeitraum im Kollektiv der Befragten die späteren Fälle unzureichend vertreten waren. Es ist zwar sicher, dass die Häufigkeit abnahm, aber nicht so stark, wie diese Studie vermuten ließ. Trotzdem schrieb McHugh 2006, in den *memory wars* habe die Wissenschaft gesiegt, und man war sich in den ersten Jahren des neuen Jahrtausends einigermaßen sicher, dass die Wissenschaft der Entstehung falscher Erinnerungen an sexuellen Missbrauch, die im Kern der *memory wars* gestanden hatte, ein Ende gemacht hatte. Wie realistisch war das?

Sind die „Gedächtniskriege" wirklich vorbei?

Im vergangenen Jahrzehnt musste man bald einsehen, dass das ein Irrtum gewesen war. Im Jahre 2014 stellten prominente Gedächtnisforscher die Frage: Sind die „Gedächtniskriege" wirklich vorbei?[109] Sie orientierten ihre Untersuchungen an der Tatsache, dass die Überzeugungen der Therapeuten ausschlaggebend dafür sind, ob falsche Erinnerungen in Trauma-Erinnerungstherapien entstehen.

In einem ersten Teil ihrer Arbeit befragten die Forscher 390 Studenten der Psychologie und Psychotherapie einer amerikanischen Universität nach ihren Überzeugungen zu verschiedenen Fragen, die bei der Trauma-Erinnerungstherapie eine wichtige Rolle spielen. Einerseits waren die Befragten sich in großer Mehrheit über die wissenschaftlich belegten Gedächtnismechanismen und deren Einfluss auf die Verfälschung von Erinnerungen im Klaren. Trotzdem zeigte sich, dass 4 von 5 Befragten glaubten, dass traumatische Erinnerungen oft verdrängt werden, und 3 von 4 Befragten waren überzeugt, dass man diese in einer Therapie exakt wiedergewinnen kann. Knapp die Hälfte hielt Hypnose für eine dafür geeignete Methode. Damit hatten sie mehrheitlich die Überzeugungen, die einer Trauma-Erinnerungstherapie zugrunde liegen. Dass diese Überzeugung zu ihrer Kenntnis der Ergebnisse der Gedächtnisforschung im Widerspruch stand, war ihnen anscheinend nicht bewusst.

Im zweiten Teil der Studie befragten die Forscher 1376 Psychologen, Psychotherapeuten, therapeutische Praktiker, zum größten Teil aus den USA, aber zu knapp 10 % auch aus anderen Ländern. Kliniker waren dabei in der Mehrheit gegenüber Wissenschaftlern. Die Forscher stellten Fragen, die einen Vergleich mit Studien aus den Jahren 1994 bis 2000 zuließen. Dabei zeigte sich, dass die Zustimmung zu der Frage, ob sie Patienten helfen, Erinnerungen an sexuellen Missbrauch in der Kindheit wiederzugewinnen oder ob sie es ihren Patienten sagen, wenn sie einen sexuellen Missbrauch vermuten, gegenüber den früheren Studien nur unwesentlich abgenommen hatte.

Insgesamt zeigt die Studie, dass die Überzeugungen der Therapeuten und derjenigen, die es werden wollten, nach wie vor eine Trauma-Erinnerungstherapie stützen. Für die Forscher bedeutet das eine Kluft zwischen wissenschaftlicher Erkenntnis und klinischer Praxis, die unter der Bezeichnung *scientist practictioner gap* in die wissenschaftliche Arbeit eingegangen ist und in vielen Ländern und Zusammenhängen untersucht wurde. Die Forscher stellen mehrere Gründe dafür fest, zum Beispiel, dass vielfach soziales Interesse und Hilfsbereitschaft mit wissenschaftlichen Interessen negativ korreliert sind, also selten gemeinsam auftreten. Ein anderer Grund ist, dass es für Kliniker ein erheblicher Aufwand ist, der wachsenden Menge wissenschaftlicher Veröffentlichungen zu folgen, während die Wissenschaftler sich nicht die Mühe machen, ihre komplexen Studien verständlich zu machen. Die Forscher schließen daraus, dass die eigentlichen Gründe der *memory wars*, nämlich die Überzeugungen der Therapeuten, sich gegenüber den 90-er Jahren nicht wesentlich geändert haben. Daher ist auch die Feststellung, dass nach wie vor falsche Erinnerungen an sexuellen Missbrauch in Trauma-Erinnerungstherapien entstehen, nicht verwunderlich. Jetzt ist das Problem aber nicht mehr auf die USA konzentriert, sondern international verbreitet.

Repräsentativstudien zu sexuellem Missbrauch

Schon ganz am Beginn dieses Büchleins wurde in der Einführung auf die überaus wichtige Studie von Patihis & Pendergrast[110] hingewiesen, die hier genauer besprochen werden soll. Sie erschien im Jahre 2019 und gibt der Bedeutung der Trauma-Erinnerungstherapie ein vorher nicht geahntes Gewicht. Es handelt sich um eine Repräsentativumfrage in der Bevölkerung der USA, deren Ergebnisse schon durch den Umfang der Studie besondere Beachtung verdienen. Die Fragestellung war nicht psychologisch, sondern soziologisch.

Fast 2500 repräsentativ ausgewählte Personen im Alter ab 20 Jahre wurden befragt, ob sie eine Psychotherapie gehabt hätten. Das war bei etwa der Hälfte der Befragten der Fall. An diese Personen richteten sich eine Reihe weiterer Fragen, insbesondere, ob in dieser Psychotherapie eine Erinnerung an kindlichen Missbrauch entdeckt worden war, von dem vor Aufnahme der Therapie nichts bekannt gewesen war. 5,2 % der gesamten Auswahl bzw. 4 % nach repräsentativer Gewichtung bejahten das. Dieses Ergebnis umgerechnet auf die Bevölkerung der USA mit Alter >20 Jahre ergibt kumulativ 9,1 Millionen Fälle insgesamt!

Ein weiteres wichtiges Ergebnis dieser Studie ergab sich aus der Frage, ob der Therapeut das Thema eines möglicherweise erlittenen sexuellen Missbrauchs diskutiert habe. War das der Fall, so war die Wahrscheinlichkeit, dass eine Erinnerung an einen vor Aufnahme der Therapie nicht bekannten sexuellen Missbrauch zustande kam, zwanzigmal so hoch, wie wenn dieses Thema vom Therapeuten nicht berührt wurde.

Eine analoge Studie aus dem gleichen Jahr in Frankreich mit 1300 Befragten kam zu sehr ähnlichen Ergebnissen.[111] Hier hatten 2,5 % der gesamten Auswahl in einer Psychotherapie Erinnerungen an einen bis dahin unbekannten sexuellen Missbrauch entwickelt, prozentual also etwa halb so viele wie in den

USA. Umgerechnet auf die Gesamtbevölkerung > 20 Jahre bedeutet das 1,2 Millionen Personen.
Wenn in einer Psychotherapie eine Erinnerung an einen sexuellen Missbrauch entsteht, der vorher nicht bekannt war, so gibt es dafür mehrere Erklärungsmöglichkeiten.

1. Die Missbrauchsereignisse waren real, aber zeitweilig vergessen worden.
2. Die Befragten hatten sich wieder daran erinnert.
3. Die Missbrauchsereignisse waren real, aber verdrängt im Sinne absichtlichen Nicht-daran-Denkens. Auch dann ist eine Wiedererinnerung möglich.
4. Die Missbrauchsereignisse waren real, aber die Befragten wollten das Thema absichtlich vermeiden.
5. Die Missbrauchsereignisse waren real, aber die Erinnerung war unzugänglich.
6. In den Therapien wurden falsche Erinnerungen an sexuellen Missbrauch erzeugt.

Eine große Gruppe prominenter Gedächtnisforscher weist darauf hin, dass wiedergewonnene Erinnerungen nicht immer falsch sein müssen, weil es eine Reihe Erklärungen dafür gibt, dass ein tatsächlicher Missbrauch am Beginn einer Psychotherapie nicht bewusst gewesen sein könnte.[112] Auch ist die Behauptung, bei Therapiebeginn nichts von sexuellem Missbrauch gewusst zu haben, nicht unbedingt identisch mit tatsächlichem Nichtwissen.

Die ersten drei Erklärungen sind grundsätzlich möglich. Es gibt Forscher, die hauptsächlich diese

Erklärungen für das Studienergebnis verantwortlich machen.[113] Plausibel ist das aber nur, wenn es sich um Missbrauchsereignisse handelt, die nicht als traumatisch empfunden wurden. In Bezug auf traumatische Missbrauchserlebnisse aber widerspräche das einem der bestuntersuchten Ergebnisse der Gedächtnisforschung, nämlich dass traumatische Ereignisse nur selten vergessen werden. Henry Otgaar von der Universität Maastricht hält banales Vergessen als Erklärung in dieser riesigen Zahl von Fällen (USA neun Millionen) für ausgeschlossen.[114]

Die vierte Erklärung ist kaum plausibel. Absichtliches Vermeiden, über einen erlittenen Missbrauch zu sprechen, spielte in der oben erwähnten Studie von Della Femina bei persönlicher Befragung eine wichtige Rolle. Hier aber war die Befragung anonym, so dass kein Anlass dazu besteht.

Die fünfte Erklärung ist die der Trauma-Erinnerungstherapeuten. Sie werden Verdrängung oder Abspaltung traumatischer Inhalte dafür verantwortlich machen, also Mechanismen, für die es keinen wissenschaftlichen Nachweis gibt. Diese Therapeuten sind dann auch diejenigen, die darauf drängen, sich an Missbrauch zu erinnern. Damit fallen die fünfte und die sechste Erklärung wissenschaftlich gesehen sinngemäß zusammen. Das führt zu dem Schluss, dass diese Fälle zu großem Teil auf der Entstehung falscher Erinnerungen beruhen.

Eine vergleichbare Studie für verschiedene europäische Länder, u. A. für Deutschland wird für 2024 erwartet. Es ist allerdings nicht anzunehmen, dass die Zahlen von Therapierten, die in einer Psychotherapie zu vorher unbekannten Erinnerungen an sexuellen Missbrauch gekommen sind, in prozentual weit kleinerer Größenordnung liegen als in den USA oder in Frankreich, denn in den therapeutischen Methoden herrscht ein reger internationaler Austausch. Die Datenerhebung für diese Studie ist bereits abgeschlossen und der Autor konnte erfahren, dass die Ergebnisse denen der oben erwähnten Studien vergleichbar sein werden.[115] Das bedeutet,, dass in Deutschland die Zahl von Fällen therapeutisch erzeugter falscher Erinnerung an sexuellen Missbrauch vermutlich in die Millionen gehen, und dass somit 20 bis 30 % der in der Studie 2012 des Kriminologischen Forschungsinstituts Niedersachsen ermittelten 5 Millionen Fälle (siehe Abschnitt *Wie häufig ist sexueller Missbrauch*) in Wirklichkeit Fälle falscher Erinnerungen sind. Wie immer man diese Ergebnisse interpretieren will, in jedem Fall ist die therapeutische Entstehung falscher Erinnerungen an sexuellen Missbrauch ein sowohl in der Fachwelt als auch in der Gesellschaft vollkommen unterschätztes Problem.

Gewissensfrage an den Leser

Stellen Sie sich vor, Ihnen berichtet jemand, dass er oder sie in der Jugend Opfer sexuellen Missbrauchs geworden ist. Heute leidet diese Person unendlich darunter. Ganz gleich, ob Sie diesen Bericht nun als zufälliger Bekannter dieser Person, als Freund, als Rechtsanwalt oder Staatsanwalt, als Opferhelfer oder gar als Mitglied der Unabhängigen Kommission des UBSKM hören: Wie Ihnen dieses Buch gezeigt hat, können Sie kaum jemals mit Sicherheit wissen, ob das, was Ihnen berichtet wird, wirklich stattgefunden hat. Wahrscheinlich handelt es sich um ein schlimmes Erlebnis in der Vergangenheit. Doch es kann sich auch um falsche Erinnerungen an sexuellen Missbrauch handeln.

Und nun gibt es zwei Optionen:

1. Dem Bericht wird aufs Wort geglaubt und alles getan, damit der Schuldige bestraft wird, mit einem erheblichen Risiko, dass ein Unschuldiger beschuldigt, bestraft und seiner Existenz beraubt wird, oder
2. dem Bericht wird nicht geglaubt, und ein Schuldiger entkommt straffrei.

Jetzt die Gewissensfrage: Welche der beiden Alternativen ist besser, ethischer, richtiger, gerechter – wie immer Sie persönlich diese Frage stellen wollen? Bitte sehr, das ist nicht eine akademische oder rhetorische Frage, diese Frage muss sich ganz konkret jeder Richter stellen, vor den dieser Fall kommt. Beide Alternativen sind schlimm, es ist die Wahl zwischen Pest und Cholera.

Opferschützer werden sagen: Believe the victims! Stellen Sie das, was Ihnen berichtet wird, nie in Frage, denn das würde das Leid dieser Personen nur noch vergrößern. Und das ist wahr, doch es gibt Möglichkeiten, eine erste Klärung zu erreichen und mindestens die Härte dieser Fragestellung erheblich zu entschärfen, ohne dem Opfer Unglauben zu signalisieren.

Man kann fragen: Seit wann wissen Sie denn, dass Sie missbraucht wurden? Und was wissen Sie darüber genau? Ist dieses Wissen immer unverändert geblieben, oder hat es sich im Lauf der Zeit verändert? Wenn man nach den Antworten auf diese Fragen immer noch unsicher ist, kann man weiterfragen: Hat Ihnen jemand geholfen, sich daran zu erinnern? Haben Sie sich intensiv bemüht, die Erinnerung an das, was geschehen ist, zu beleben?

Sie sehen, das sind Fragen nach der Entstehung der Erinnerung. Je nachdem, wie die Antworten ausfallen, kann man die Risiken in beiden Alternativen erheblich verringern. Soweit wir heute sagen können, ist das da, wo Sachbeweise fehlen, auch die einzige Möglichkeit dazu. Seit den Erlebnissen unverändert vorhandene konkrete Erinnerungen sind selten falsch. Erinnerungen, die erst nachträglich und womöglich durch Hilfe Dritter wie z. B. Psychotherapeuten bewusst geworden sind, könnten falsch sein. In professioneller Ausgestaltung sind das die oben erwähnten Methoden der Aussagenpsychologie. Hier wird klar, wie unentbehrlich diese Methoden für den Richter sind, der sich den Alternativen stellen muss. Doch auch für jeden, der sich beruflich oder ehrenamtlich der Hilfe für sexuell Missbrauchte verschrieben hat, ist es eine kleine Mühe, solche Fragen zu stellen. Das könnte helfen zu erkennen, dass auch unter hohem Leidensdruck und mit voller Überzeugung vorgetragene Behauptungen allzu oft nicht auf erlebter Realität beruhen.

Literatur

Es gibt zu den Themen dieses Büchleins eine Menge an Buchveröffentlichungen, von denen allerdings eine Reihe nur in englischer Sprache verfügbar ist. Die meisten davon sind auch für Laien nutzbar und zu empfehlen.

Psychologische Grundlagen

Myers, David G., *Psychologie*, Berlin 2008, ISBN 978-3-54079032-7.

Deutschsprachige Literatur

Crombag, Hans F.M. und Merckelbach, Harald L.G., *Missbrauch vergisst man nicht*, Berlin 1997, ISBN 3-333-01003-8.

Hacking, Ian, *Multiple Persönlichkeit: Zur Geschichte der Persönlichkeit in der Moderne*, München 1996, ISBN 3-44618745-6.

Kreisman, Jerold J. und Straus, Hal, *Ich hasse dich – verlass mich nicht: Die schwarzweiße Welt der Borderline-Persönlichkeit*, München 2013, ISBN 978-3-466-30947-4.

Loftus, Elizabeth und Ketcham, Katherine, *Die therapierte Erinnerung*, Hamburg 1995, ISBN 3-404-60443-1.

Ofshe, Richard und Watters, Ethan, *Die missbrauchte Erinnerung*, München 1995, ISBN 3-423-30556-8.
Schacter, Daniel, *Wir sind Erinnerung*, Hamburg 1999, ISBN 3 498 06324 3.
Shaw, Julia, *Das trügerische Gedächtnis*, München, 2016.
Steller, Max, *Nichts als die Wahrheit?*, München 2015, ISBN 978-3-453-20090-6.
Tavris, Carol und Aronson, Elliot, *Ich habe recht, auch wenn ich mich irre*, München 2010, ISBN 978-3-570-50116-0.
Volbert, Renate, *Beurteilung von Aussagen über Traumata*, Göttingen 2004, ISBN 3-456-84085-3.
Yapko, Michael D., *Fehldiagnose: Sexueller Missbrauch*, Ulm, 1996, ISBN 3-426-84089-8.

Englische Literatur

Acocella, Joan, Creating Hysteria: Women and Multiple Personality Disorder, Hoboken NJ, 1999, ISBN 978-0-78794794-1.
Clancy, Susan A., The Trauma Myth, New York 2008, ISBN 978-0-465-01688-4.
Mair, Katherine, Abused by Therapy: How searching of childhood trauma can damage adult lives, Kibworth UK, 2013, ISBN 978-1783060-665.
Maran, Meredith, Hoboken NJ 2010, My Lie: A True Story of False Memory, ISBN 978-0-470-50214-3.
McHugh, Paul, Try to Remember, Washington DC 2008, ISBN 978-1-932594-39-3.
McNally, Richard J., Remembering Trauma, Cambridge (Mass.) 2005, ISBN 0-674-01082-8.

Pendergrast, Mark, Victims of Memory: Sex Abuse Accusations and Shattered Lives, Hinesburg VT 1996, ISBN 0-942679-18-0.

Pope, Harrison G., Psychology Astray: Fallacies in Studies of "Repressed Memory" and Childhood Trauma, Boca Raton FL 1997, ISBN 0-89777-149-4.

Simpson, Paul, Second Thoughts: Understanding False Memory Crisis and How It Could Affect You, Nashville TN 1997, ISBN 978-0-78527-418-6.

Spanos, Nicholas P., Multiple Identities & False Memories: A Sociocognitive Perspective. Washington 2001, ISBN 978-155798-893-5.

Van Til, Reinder, Lost Daughters: Recovered Memory Therapy and the People It Hurts, Grand Rapids 1997, ISBN 978-0-8028-4272-5.

Internet-Links

False Memory Deutschland e. V.: *www.false-memory.de*
British False Memory Society: *bfms.org.uk*
Australian False Memory Association: *www.afma.asn.au*
StopBadTherapy: *www.stopbadtherapy.com*
Skeptische Ecke: *http://www.ariplex.com/scepticon/Worterbuch/Erdstrahlen/Falsche_Erinnerungen/falsche_erinnerungen.html*
http://www.ariplex.com/scepticon/Worterbuch/Traumatische_Erinnerungstherap/12_Mythen_uber_falsche_Erinner/12_mythen_uber_falsche_erinner.html
Glossar Psychotherapie, False Memory: *www.neuro24.de/show_glossar.php?id=559*

SektenInfo NRW: *http://sekten-info-nrw.de/index. php?option=com_content&task=view&id=200&Itemid=1*

Spektrum der Wissenschaft, Loftus 1998: *http:// www.spektrum.de/alias/dachzeile/falsche-erinnerungen/823559*

Stern 2011, Vom Gedächtnis gefährlich getäuscht: *www. stern.de/wissen/mensch/false-memory-syndrome-vom-gedaechtnis-gefaehrlich-getaeuscht-1710984.html*

Referenzen

1 Stadler L, Bieneck S, Pfeiffer C: Repräsentativbefragung Sexueller Missbrauch 2011. Hannover: Kriminologisches Forschungsinstitut Niedersachsen 2012. www.kfn.de/versions/kfn/assets/fob118.pdf
2 Rückert, Sabine, Unrecht im Namen des Volkes, ISBN: 9783455500158.
3 McHugh, Paul R., The Mind Has Mountains: Reflections on Society and Psychiatry, Johns Hopkins University Press, 2006.
4 Pope, Harrison G. et al., Current Scientific Interest in Dissociative Amnesia: A Bibliometric Analysis, Applied Cognitive Psychology 37/1 2023, S. 42-51.
5 Patihis, Lawrence und Pendergrast, Mark H., Reports of Recovered Memories of Abuse in Therapy in a Large Age-Representative U.S. National Sample. Clinical Psychological Science 2019, S. 3-21.
6 zum Beispiel in Foren und Veröffentlichungen von Wildwasser e. V.
7 Steller, Max, Nichts als die Wahrheit, München 2015.
8 Dieser Arbeitskreis ist die Vorläuferorganisation, deren Arbeit zur Gründung von False Memory Deutschland e. V. geführt hat.
9 Clancy, Susan A., The Trauma Myth: The Truth about Sexual Abuse of Children – and Its Aftermath, New York 2009.
10 Rind et al., A meta-analytic examination of assumed properties of child sexual abuse using college samples,

Psychological Bulletin, 124/1 1998, S. 22–53.
11 BGH NJW 1995, 2643.
12 Odebralski, https://ra-odebralski.de/strafrecht-rechtsanwalt/sexualdelikte/sexuelle-handlung-was-ist-das.
13 Stadler L, Bieneck S, Pfeiffer C: Repräsentativbefragung Sexueller Missbrauch 2011. Hannover: Kriminologisches Forschungsinstitut Niedersachsen 2012. www.kfn.de/versions/kfn/assets/fob118.pdf.
14 Patihis, Lawrence und Pendergrast, Mark H., Reports of Recovered Memories of Abuse in Therapy in a Large Age-Representative U.S. National Sample. Clinical Psychological Science 2019, S. 3-21.
15 Dodier, Olivier et. al.: Reports of recovered memories of childhood abuse in therapy in France, Memory. 2019/Oct., S. 1283-1298.
16 Schacter, Daniel, Wir sind Erinnerung, Hamburg 1999, S. 353.
17 Newcomer, John W, Decreased memory performance in healthy humans induced by stress-level cortisol treatment, Archives of general psychiatry 56/6, S. 527-533.
18 Ledoux, Joseph, Das Netz der Gefühle, München 2010.
19 Schacter, Daniel, Wir sind Erinnerung, Hamburg 1999, ISBN: 3 498 06324 3, S. 326 ff.
20 Sacks, Oliver, Der Strom des Bewusstseins, ISBN: 9783498064341.
21 Loftus, Elizabeth F. und Pickrell, Jaqueline E., The Formation of False Memories. Psychiatric Annals 25, S. 720–725.
22 Shaw, Julia und Porter, Stephen, Constructing Rich False Memories of Committing Crime, Psychological Science OnlineFirst, Jan. 14, 2015, http://pss.sagepub.com/content/26/3/291.

23 Wille, Florian, Aussage gegen Aussage in sexuellen Missbrauchsverfahren, Berlin/Heidelberg 2012.
24 Volbert, Renate, Beurteilung von Aussagen über Traumata, Göttingen 2004.
25 https://en.wikipedia.org/wiki/McMartin_preschool_trial.
26 http://de.wikimannia.org/Montessori-Prozess oder auch Wittlich, Susanne und Wolfsgruber, Axel, Verschüttete Wahrheit, Focus-Magazin 21, 1995.
27 http://de.wikimannia.org/Wormser_Prozesse oder auch Friedrichsen, Gisela, Viel geglaubt, wenig gewusst, in: Der Spiegel, 03.02.1997.
28 Hunsley, John et. al., Controversial an Questionable Assessment Techniques, in: Lilienfeld, S.O. et al. (Hrsg.), Science and Pseudoscience in Clinical Psychology, New York 2004, S. 39 ff.
29 Zu Freuds Verführungstheorie und ihrer Aufgabe durch Freud, siehe Webster, Richard, Why Freud was Wrong: Sin, Science and Psychoanalysis, London 1995, S. 195–240 und S. 511–527.
30 Freud, Sigmund, Selbstdarstellung: Schriften zur Geschichte der Psychoanalyse, Frankfurt 1971, S. 64.
31 Webster, Richard, Why Freud was wrong: Sin, Science and Psychoanalysis, London 1995, S. 523.
32 Freud, Sigmund, Briefe an Wilhelm Fliess 1887–1904, Frankfurt 1986. Brief vom 21.09.1897, S. 284.
33 Schreiber, Flora Rheta, Sybil, New York 1973.
34 Borch-Jacobsen, Mikkel, Making Minds and Madness, From Hysteria to Depression, Cambridge 2009; Nathan, Debbie, Sybil Exposed, New York 2011.
35 Pazder, Lawrence, Michelle Remembers, New York 1980. Einzelheiten unter https://en.wikipedia.org/wiki/

Michelle_Remembers.

36 Bass, Ellen, und Davis, Laura, The Courage to Heal: A Guide for Women Survivors of Child Sexual Abuse, New York 1988.

37 Blume, E.S., Secret Survivors: Uncovering Incest and Its Aftereffects in Women, New York 1990.

38 Fredrickson, Renée, Repressed Memories: A Journey to Recovery from Sexual Abuse, New York 1992.

39 Bass, Ellen, und Davis, Laura, Trotz allem – Wege zur Selbstheilung für Frauen, die sexuelle Gewalt erfahren haben, Berlin 1990.

40 In der neuesten englischen Ausgabe von The Courage to Heal von 2008 sind diese vielfach kritisierten Formulierungen nicht mehr enthalten, doch der Gesamttenor des Buchs ist unverändert.

41 Maran, Meredith, My Lie, a True Story of False Memory, San Francisco, 2010.

42 Shaw, Julia, Das trügerische Gedächtnis, München 2016, S. 261 ff.

43 McNally, Richard J., Remembering Trauma, Cambridge 2003, S. 275.

44 McNally, Richard J., Remembering Trauma, Cambridge 2003.

45 Ofshe, Richard, und Watters, Ethan, Die missbrauchte Erinnerung, München 1996, Seite 108 ff.

46 Van der Kolk, Bessel, The Body Keeps the Score, Penguin books, 2015.

47 Van der Kolk, Bessel et al., Traumatic Stress: Theorie, Praxis, Forschung zu posttraumatischem Stress. Grundlagen & Behandlungsansätze, Paderborn 2000.

48 Lanning, Kenneth V.: Satanic Ritual Abuse, a 1992 FBI Report, http://www.sacred-texts.com/pag/lanning.htm.

49 https://blog.gwup.net/2018/06/13/skepkon-video-der-mythos-vom-satanisch-rituellen-missbrauch/
50 Gross, Terry: The CIA's Secret Quest For Mind Control: Torture, LSD And A 'Poisoner In Chief'. Interview. In: National Public Radio. 9. September 2019.
51 Arbeitskreis Rituelle Gewalt der Bistümer Osnabrück, Münster und Essen, Rituelle Gewalt, Das (Un)heimliche unter uns, Münster 2014.
52 Lakotta, Beate u. Piltz, Christopher, Im Teufelskreis. In: Der Spiegel, 11.03.2023.
53 Fegert, Jörg M. u. Urbaniok, Frank, Ritueller sexueller Missbrauch, in Der Nervenarzt, https://link.springer.com/article/10.1007/s00115-024-01652-2.
54 Tavris, Carol und Aronson, Elliot, Ich habe recht, auch wenn ich mich irre, München 2010, S. 143 ff.
55 Schacter, Daniel, Wir sind Erinnerung, Hamburg 1999, ISBN: 3 498 06324 3,
56 Frankel, F. H., The concept of flashbacks in historical perspective, Int J Clin Exp Hypn 1994, Oct; 42(4): S. 321–36.
57 Laney, Cara und Loftus, Elizabeth F., Emotional Content of True and False Memories, Memory 16/5 2008, S. 500 – 516.
58 Damasio, Antonio R., Descartes' Irrtum, München 2004, S. 213 ff.
59 Loftus, Elizabeth et al., The relationship between DRM and misinformation false memories, Mem Cogn 41/2013, S. 832–838.
60 Yapko, Michael D., Fehldiagnose: Sexueller Missbrauch, Ulm 1996, ISBN 3-426-84089-8.
61 Spanos, Nicholas P., Multiple Identities and False Memories, a Sociocognitive Perspective, Washington 2001.

62 Huber, Michaela, Multiple Persönlichkeiten: Seelische Zersplitterung nach Gewalt, Paderborn 2010, ISBN: 978-3-87387-645-3.
63 Schalleck, Martha, Rotkäppchens Schweigen: Die Tricks der Kindesmissbraucher und ihrer Helfer, 2006, ISBN: 978-3-936544-80-0.
64 Fröhling, Ulla, Vater unser in der Hölle, ISBN: 9783404616251.
65 Bruckner, Pascal, Ich leide, also bin ich: Die Krankheit der Moderne, Berlin 1997, ISBN 3-7466-1249-7.
66 Stoffels, H., Ernst, C., Erinnerung und Pseudoerinnerung. Über die Sehnsucht, Traumaopfer zu sein. Nervenarzt 73, S. 445–451.
67 Hacking, Ian, Multiple Persönlichkeit: Zur Geschichte der Seele in der Moderne, München 1996, S. 345.
68 Schacter, Daniel, The Seven Sins of Memory, Boston 2001, S. 175ff.
69 Eine Zusammenstellung der Untersuchungen siehe Volbert, Renate, Beurteilung von Aussagen über Traumata, Göttingen 2004, S. 71.
70 Zitiert nach McHugh, Paul R., Try to Remember, New York 2008, S. 67. Übersetzt vom Verfasser.
71 Mair, Katherine, Abused by Therapy, Leicestershire 2013, S. 172.
72 Die genauen Formulierungen der neun Kriterien für eine Borderline-Störung siehe DSM-IV.
73 Mitmansgruber, Horst: Die „neue" Borderline-Persönlichkeitsstörung: Dimensionale Klassifikation im DSM-5 und ICD-11, Psychotherapie Forum 2020/24, S. 89–99.
74 Das umfassende Standardwerk zur Borderline-Störung

wurde von Otto F. Kernberg, Birger Dulz und Ulrich Sachsse herausgegeben: Handbuch der Borderline-Störungen, Stuttgart 2000. Eine für Laien leichter lesbare Übersicht findet sich in Kreisman, J.J. und Straus, H., Ich hasse Dich – verlass mich nicht, München 2012.

75 Bohus, M. & Reicherzer, M., Ratgeber Borderline-Störung, ISBN 9783801729745.

76 Böhm, Hartmut et. al., Die Borderlinestörung als Quelle (nicht)-intentionaler Falschaussagen, Praxis der Rechtspsychologie 2002/12, S. 209–223.

77 Ein besonders spektakuläres Beispiel wird in allen Einzelheiten in dem Buch von Sabine Rückert, Unrecht im Namen des Volkes, Hamburg 2007, berichtet.

78 Janet, Jules, L'hysterie et l'hypnotisme, d'après la théorie de la double personnalité, Revue scientifique 3, S. 616–623.

79 Janet, Pierre, Les actes inconscients et la mémoire pendant le somnambulisme, Revue Philosophique, vol. 25.1, S. 238–279.

80 Spanos, Nicholas P., Multiple Identities and False Memories, a Sociocognitive Perspective, Washington 2001.

81 Hacking, Ian, Multiple Persönlichkeit: Zur Geschichte der Seele in der Moderne, München 1996.

82 Fiedler, Peter, Dissoziative Störungen, Göttingen 2013.

83 Klee, Paul, Tagebücher 1898 – 1918, Köln 1979.

84 Hasselmann, Petra, "Rituelle Gewalt" und dissoziative Identitätsstörung, Lengerich 2017.

85 Schalleck, Martha: „Nie etwas passiert? – Die falsche Anschuldigung auf dem Prüfstand oder: Die Verleugnung sexuellen Missbrauchs heute. In: Wildwasser Arbeitsgemeinschaft gegen sexuellen Missbrauch an Mädchen e.V. (Hrsg.): Dokumentation der Fachtagung

anlässlich des 25-jährigen Jubiläums. S. 34–36.
86 http://psychoinduktion.blogspot.de/2010/09/psychomode.html.
87 Fälle beschrieben in: Loftus, Elizabeth und Ketcham, Katherine, Die therapierte Erinnerung, Hamburg 1995, oder in Ofshe, Watters, Die missbrauchte Erinnerung, München 1996.
88 Deckers, Rüdiger, Glaubhaftigkeitsprüfung, in Deckers, Rüdiger und Köhnken, Günter, Die Erhebung von Zeugenaussagen im Strafprozess, Berlin 2014, S. 131 ff.
89 Wille, Florian, Aussage gegen Aussage in sexuellen Missbrauchsverfahren, Berlin/Heidelberg 2012.
90 Entscheidung des Bundesgerichtshofs vom 30.07.1999, Akt.Z. 1 StR 618/98.
91 Deckers, Rüdiger, Glaubhaftigkeitsprüfung, in Deckers, Rüdiger und Köhnken, Günter, Die Erhebung von Zeugenaussagen im Strafprozess, Berlin 2014.
92 Eine sehr ausführliche Darstellung der gesamten Problematik findet sich in: Eschelbach, Ralf, Zu den Voraussetzungen, unter denen es zu Sachaufklärung erforderlich ist, über eine Zeugenaussage ein aussagepsychologisches Gutachten einzuholen. In: Deckers/Köhnken Die Erhebung und Bewertung von Zeugenaussagen im Strafprozess, Berlin 2014, S. 43 ff.
93 Steller, Max, Nichts als die Wahrheit, München 2015.
94 Volbert, Renate, Beurteilung von Aussagen über Traumata, Göttingen 2004.
95 McNally, Richard J., Remembering Trauma, Cambridge 2003, S. 177 ff.
96 Stoffels, Hans und Ernst, C., Erinnerung und Pseudoerinnerung. In: Der Nervenarzt 2002/73,

S. 445–451.
97 https://beauftragte-missbrauch.de/themen/
hilfeangebote-fuer-betroffene-von-sexualisierter-gewalt
98 https://www.dgps.de/fileadmin/user_upload/
PDF/Stellungnahmen/Stellungnahme_DGPs_
FachgruppeRechtspsychologie.pdf.
99 https://www.bdp-verband.de/fileadmin/user_upload/
BDP/website/media/Anlage_1_Stellungnahme_BDP_
Sektion_Rechtspsychologie.pdf.
100 Laut einer Äußerung des Direktors der Universitätsklinik für Psychiatrie und Psychotherapie in Bern, Werner Strik, zitiert in: Im Teufelskreis. Der Spiegel, 11.03.2023.
101 Eine Übersicht über die Methoden der wissenschaftlichen Psychologie siehe Myers, David G., Psychologie, Berlin 2008, Kap. 1, S. 17 ff.
102 Tavris, Carol und Aronson, Elliot, Ich habe recht, auch wenn ich mich irre, München 2010, S. 34 ff.
103 Tavris, Carol und Aronson, Elliot, Ich habe recht, auch wenn ich mich irre, München 2010, S. 143 ff.
104 Sigmund Freud, Die Sexualität in der Ätiologie der Neurosen, http://www.psychanalyse.lu/Freud/FreudSexualitatNeurosen.pdf.
105 Eine Übersicht über diese Studien findet sich in Garb, Howard N. und Boyle, Patricia A, Understanding why some Clinicians use Pseudoscientific Methods, in: Lilienfeld, S.O. et al. (Hrsg.), Science and Pseudoscience in Clinical Psychology, New York 2004, S. 17 ff.
106 Holmes, David S., Evidence for Repression: An Examination of Sixty Years of Research, in: Singer,

Jerome L. (Hrsg.), Repression and Dissociation: Implications for Personality Theory, Psychopathology, and Health, Chicago 1990, S. 85–102.
107 McNally, Richard J., Remembering Trauma, Cambridge 2003, S. 186–228.
108 Femina, DD and al., Child Abuse: Adolescent Records vs. Adult Recall, in Child Abuse and Neglect 14, S. 19–28.
109 Patihis, Lawrence et al., Are the "Memory Wars" Over? A Scientist-Practitioner Gap in Beliefs About Repressed Memory, Psychological Science 2014, 25(2), S. 519–530.
110 Patihis, Lawrence und Pendergrast, Mark H., Reports of Recovered Memories of Abuse in Therapy in a Large Age-Representative U.S. National Sample. Clinical Psychological Science 2019, 3–21.
111 Dodier, Olivier et. al., Reports of recovered memories of childhood abuse in therapy in France. Memory, 27/9, S. 1283–1298.
112 Otgaar, Henry et. al., Belief in Unconscious Repressed Memory Persists, Perspectives on Psychological Science 2021, Vol. 16(2), S. 454–460.
113 Brevin, Chris, Tilting at Windmills: Why Attacks on Repression Are Misguided, Perspectives on Psychological Science 1–11, 2020.
114 Otgaar, Henry, 18.04.2023, private Kommunikation.
115 Private Kommunikation aus dem Forscherteam, 01.12.2023.

Der Autor

Hans Delfs wurde 1935 in Leverkusen geboren und wuchs in Bonn auf. Er studierte Physik in Bonn und München, promovierte in Tübingen und war lange in der elektronischen Industrie tätig. Heute lebt er in der Nähe von München. Seit vielen Jahren befasst er sich mit psychologischen Fragen, insbesondere zu den wissenschaftlichen Grundlagen von Gedächtnis und Erinnerung. Veröffentlicht hat Hans Delfs Sachbücher zu unterschiedlichen Themen, u. a. hat er eine vierbändige Edition der Briefe von Ernst Ludwig Kirchner herausgegeben und ein Buch über „Falsche Erinnerungen" verfasst, das im vorliegenden Text aktualisiert und neu aufgebaut wurde. Im novum Verlag erschien bereits „Gedanken an der Grenze zwischen Naturwissenschaft und Philosophie."

Der Verlag

> *Wer aufhört
> besser zu werden,
> hat aufgehört
> gut zu sein!*

Basierend auf diesem Motto ist es dem novum Verlag ein Anliegen, neue Manuskripte aufzuspüren, zu veröffentlichen und deren Autoren langfristig zu fördern. Mittlerweile gilt der 1997 gegründete und mehrfach prämierte Verlag als Spezialist für Neuautoren in Deutschland, Österreich und der Schweiz.

Für jedes neue Manuskript wird innerhalb weniger Wochen eine kostenfreie, unverbindliche Lektorats-Prüfung erstellt.

Weitere Informationen zum Verlag und seinen Büchern finden Sie im Internet unter:

w w w . n o v u m v e r l a g . c o m